Bernd Haußmann
Roland Geisselhart

NAMEN & GESICHTER

Die Deutsche Bibliothek – CIP-Einheitsaufnahme

Namen & Gesichter / Bernd Haußmann; Roland Geisselhart.-
Ravensburg: Ravensburger, 1998
(Think)
ISBN 3-473-42039-5
NE: Haußmann, Bernd; Geisselhart, Roland

Redaktion und Realisation:
THEMA Produktmarketing und Werbung GmbH, München
Redaktion: Christiane Burkhardt
Layout: Christiane Burkhardt und Sabine Dohme
Umschlaggestaltung: Springer & Jacoby, Hamburg
Printed in Germany

5 4 3 2 1 02 01 00 99 98

ISBN 3-473-42039-5
Artikelnummer 27412-3

Bernd Haußmann
Roland Geisselhart

NAMEN & GESICHTER

Ravensburger®

Inhalt

TIP

Wenn Sie zusammen mit einem Partner trainieren, wird es Ihnen sehr viel leichter fallen ein perfektes Gedächtnis für Namen, Gesichter und Informationen zu erwerben. Das gemeinsame Überlegen und der damit verbundene Gedankenaustausch fördern das eigene Vorstellungsvermögen ungemein. Dasselbe gilt natürlich auch für die Spiele aus dem Trainingsset.

EINLEITUNG

Sich kennen, sich verstehen

Sie haben sich entschlossen Ihr Personengedächtnis zu optimieren und zu diesem Entschluss können wir Sie nur beglückwünschen! Viele Menschen haben ein „Problem“ damit zwei Dinge, zwischen denen kein unmittelbar logischer Zusammenhang besteht – Name und Gesicht – einander mental zuzuordnen. Wie man das bewerkstelligt, lernen Sie mit Hilfe dieses Buches und den dazugehörigen Memospielen.

Namen sind nicht nur Schall und Rauch.

Wenn Sie sich an einen Namen erinnern, heißt das auch, dass Sie der jeweiligen Person ein Interesse entgegenbringen – zumindest wird Ihr Gegenüber das so empfinden. In der Tat werten Sie sich und Ihren Gesprächspartner auf, wenn Sie sich noch an dessen Namen erinnern können. Im Berufsleben kann sehr viel davon abhängen, ob Sie den Namen eines früheren Gesprächspartners noch im Kopf haben – mit anderen Worten davon, ob sich Ihr Kunde wichtig und ernst genommen fühlt oder nicht. Wenn Sie einen Gesprächspartner, den Sie letztes Jahr auf der Messe getroffen haben, wieder mit vollem Namen ansprechen können und sich darüber hinaus noch an zwei, drei wichtige Punkte, über die Sie damals gesprochen haben, erinnern, so ist der Erfolg Ihrer Begegnung vorprogrammiert.

Aber nicht nur im Geschäftsleben, auch im Alltag ist ein gutes Personengedächtnis Gold wert.

Haben Sie zu Beginn etwas Geduld. Es ist nur natürlich, dass Ihnen die Übungen anfangs noch ziemlich schwer fallen. Doch schon nach zwei bis drei Stunden Training werden Sie überrascht sein, wie rasch Ihre Gedächtnisleistung zunimmt!

Lassen Sie sich auf dieses Abenteuer ein: Entdecken Sie die ungeheuren geistigen Fähigkeiten, die in Ihnen schlummern.

Immer schneller können Sie immer mehr Namen speichern und bei Bedarf mühelos wieder abrufen – auch unter völlig veränderten Rahmenbedingungen. Dadurch können Sie im Gespräch ganz anders auftreten. Doch eines sollten Sie dabei nie vergessen:

Dieses Buch ist kein Lesebuch.

Sie werden nur dann den gewünschten Erfolg erzielen, wenn Sie von Anfang an jede Übung wirklich MITMACHEN. Führen Sie dieses Training regelmäßig und konsequent durch. Üben Sie, so oft Sie nur können – dazu gibt Ihnen Ihr Alltag jede Gelegenheit.

Wir wünschen Ihnen viel Spaß beim spielerischen Gedächtnistraining!

Roland Geisselhart ***Bernd Haußmann***

NOCH EIN TIP

Das vorliegende Handbuch ist nicht die einzige Möglichkeit Ihre Gedächtnisleistung zu verbessern! Mit dem beiliegenden Spiel „WHO IS WHO?“ können Sie jederzeit weiterüben und Ihre Fortschritte überprüfen.

Die ultimative Herausforderung für alle Gedächtnisprofis ist jedoch das große THINK-Poster! Dort treffen Sie alte Bekannte aus dem Handbuch wieder – allerdings nicht in chronologischer Reihenfolge und ohne Namensnennung. Testen Sie sich selbst!

VORHER – NACHHER

Ein Test vorweg!

KLAUS TRETTIN

VIKTORIA BELLING

CHRISTINE ZIEGLER

BORIS NAGEL

MANUELA DILLMANN

MARTINA GRENZ

VLADIMIR ZIRINSKI

ANITA KRUDEWICH

LI HXU
HAIXIN

MARLENE
ROHRER

TANJA
KUNDERMANN

BEATE
KINDLER

MARIA
BAUER

YUSHI
SEO

SANDRA
BERGER

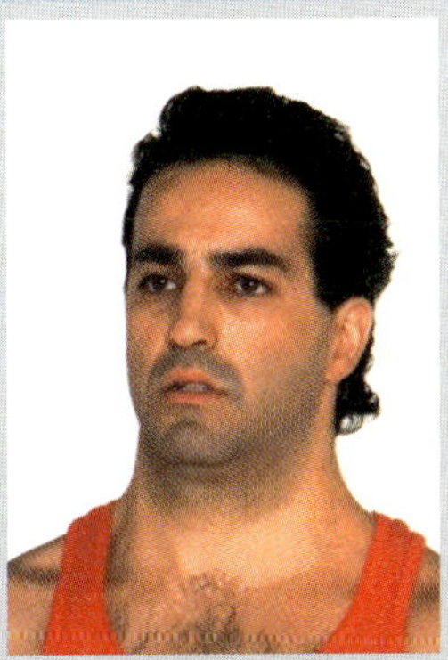

MANFRED
LEITNER

ALEXANDER
JUNG

ANKE
ZIRKOWSKI

MICHAEL
RUNDE

BRITTA
SCHATZ

ERFOLGS-KONTROLLE

In diesem Test geht es nicht nur darum festzustellen, wie gut oder schlecht Ihr Personengedächtnis jetzt arbeitet. Dieser aus zwei Teilen bestehende Test soll Ihnen vielmehr zeigen, wie rasch Sie Ihr Personengedächtnis verbessern können – und zwar allein dadurch, dass Sie sich mit diesem Handbuch und den dazugehörigen Spielen beschäftigen. Am Ende werden Sie noch einmal mit den Gesichtern dieses Tests konfrontiert werden – aber dann beherrschen Sie die Merktechniken ja bereits.

Ihr Erfolgserlebnis ist somit vorprogrammiert!

Damit Sie diese Entwicklung auch wirklich kontrollieren können, lesen Sie jetzt nicht gleich weiter: Bevor Sie mit dem eigentlichen Training loslegen, widmen Sie sich bitte den auf den Seiten 8-9 abgebildeten Personen und den dazugehörigen Aufgaben.

1. Merken Sie sich nun die auf den Seiten 8-9 abgebildeten Gesichter in Verbindung mit den darunter stehenden Namen. Für jedes Gesicht nehmen Sie sich ca. eine Minute Zeit.

2. Nach maximal 20 Minuten blättern Sie auf diese Seiten zurück. Nebenstehend finden Sie die 20 Gesichter wieder – diesmal jedoch in vertauschter Reihenfolge und ohne Namen. Ordnen Sie jetzt jedem Gesicht seinen richtigen Namen zu. Dafür haben Sie fünf Minuten Zeit.

3. Anschließend notieren Sie bitte hier, wie viele Gesichter und Namen Sie heute richtig zuordnen konnten:

Heute, am _____ habe ich _______ von 20 Gesichtern richtig zugeordnet.

Glauben Sie uns:
Es ist nahezu unmöglich, bereits jetzt alle Namen und Gesichter richtig und vollständig zuzuordnen – aber das ist ja auch nicht Sinn der Übung. Am Schluss des Trainings werden Sie noch einmal aufgefordert diese Übung zu wiederholen. Dann können Sie sehen, wie sehr sich Ihre Fähigkeit Namen und Gesichter zu behalten verbessert hat.

„Es ist nicht genug zu wissen – man muss es auch anwenden. Es ist nicht genug zu wollen – man muss es auch tun!“

Johann Wolfgang von Goethe

ERFOLGS-KONTROLLE

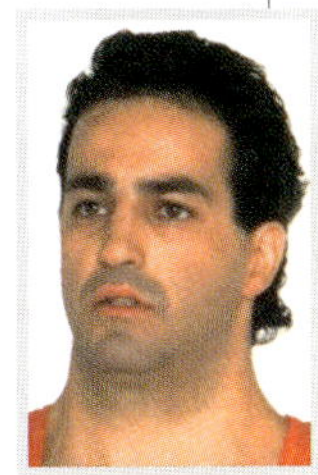

WARMING-UP

Lernen Sie Visualisieren!

„Wenn wir uns einreden etwas nicht zu können, wird uns das mehr behindern als jedes Handicap. Sagen wir uns aber, dass wir etwas können, ist schon der erste und wichtigste Schritt getan.“

Norman Vincent Peale

Das wichtigste Grundprinzip unseres Trainings ist das VISUALISIEREN. Was das heißt? Ganz einfach: Entwickeln Sie von allem eine bildhafte Vorstellung.

Betrachten Sie einen Namen nicht als bloße Aneinanderreihung von Buchstaben, sondern als miteinander verbundene Sinneinheiten, die man sich bildlich vorstellen kann.

Mit diesem Warming-up geben wir Ihnen einige Tips, die Ihnen das Visualisieren erleichtern sollen und Ihr Personengedächtnis dann bei seiner „Arbeit“ unterstützen.

Vorbereitung

Schlagen Sie eine Illustrierte oder Tageszeitung auf und suchen Sie einen x-beliebigen Artikel heraus. Greifen Sie zu einem Textmarker und heben Sie im Text ca. 20 Gegenstände, Tiere oder Ähnliches hervor. Vermeiden Sie abstrakte Begriffe wie Glück, Sensation usw. – das wäre für den Anfang zu schwierig.

Runde 1

Nun lesen Sie den ersten markierten Begriff. Schließen Sie die Augen und stellen Sie sich diesen vor Ihrem inneren Auge einige Sekunden lang vor. Erst dann öffnen Sie die Augen wieder und konzentrieren sich auf den nächsten Begriff.

Beispiel: Trommel

Runde 2

Fangen Sie wieder mit dem ersten Begriff an. Diesmal müssen Sie Ihr geistiges Bild etwas verändern, indem Sie den Gegenstand wachsen lassen. Schließen Sie die Augen, stellen Sie sich den Begriff in „normalen" Dimensionen vor. Dann lassen Sie ihn „wachsen". Er wird immer größer, runder, ausufernder, erdrückender, gigantischer …

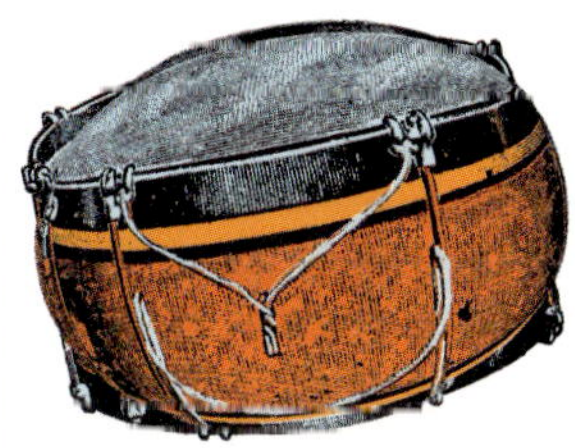

Wenn das Objekt kurz vor dem Platzen ist, öffnen Sie die Augen und lassen Sie den nächsten Begriff vor Ihrem inneren Auge wachsen!

Beispiel: Die Trommel wird immer größer.

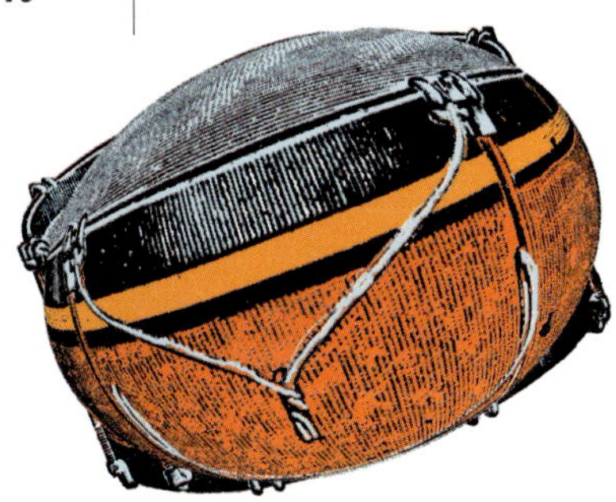

Runde 3

Beginnen Sie wieder von vorn
und visualisieren Sie den ersten Begriff.
Vervielfachen Sie den Gegenstand unendlich oft:
entweder als lange, nicht enden wollende Schlange,
als riesigen Haufen, als überquellende Masse.
Beispiel: ein Berg Trommeln

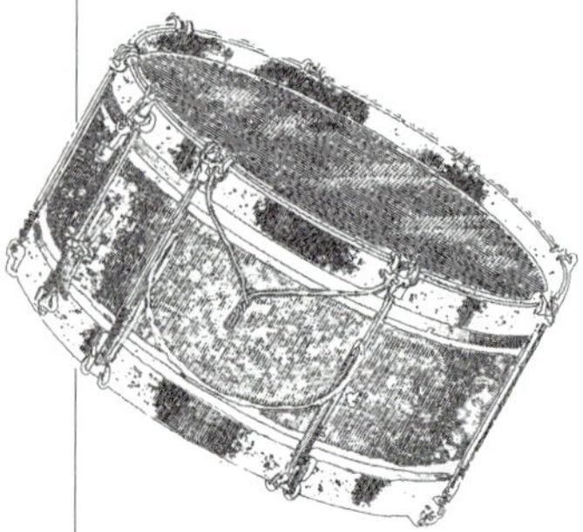

Runde 4

Nun gilt es, die Begriffe nacheinander zu verfremden:
Stellen Sie sich den ersten Begriff vor
und verändern Sie etwas eigentlich Typisches:
das Material, die Farbe, die Form, die Proportionen,
die Eigenschaften, den Zustand …
Beispiel: Trommel aus Glas

Runde 5

Jetzt kommt Bewegung ins Bild:
Lassen Sie die Gegenstände lebendig werden,
sie tanzen, joggen, drehen sich, hüpfen,
rutschen aus – ganz wie in einem Comicstrip.
Beispiel: tanzende Trommeln – vielleicht im 3/4-Takt?

Runde 6

Jetzt wird es richtig fantasievoll.
Nehmen Sie jeweils zwei Begriffe – den ersten
und den zweiten oder den dritten und den vierten –
und stellen Sie sich vor, dass der erste Gegenstand

eine Funktion des zweiten übernimmt. Visualisieren
Sie diesen Gedanken einige Sekunden lang.
Beispiel: Trommeln Sie einen Nagel in die Wand.

Runde 7

Abschließend wird Ihr Vorstellungsvermögen auf eine harte Probe gestellt: Verknüpfen Sie die aufeinander folgenden Begriffe zu einem Bild. Machen Sie den ersten Begriff zu einem festen Bestandteil des zweiten, integrieren Sie den dritten in den vierten usw. Das wird Ihnen beim ersten Mal vielleicht noch etwas schwer fallen, aber als Vorbereitung für Ihr Gedächtnistraining ist das äußerst effektiv!

Ehrenrunden

Bei jeder Ehrenrunde durchlaufen Sie alle oben genannten Stationen noch einmal – diesmal jedoch mit Begriffen aus anderen Texten. Lassen Sie sich von Ihrem Partner, Ihrer Partnerin oder Ihren Kindern Begriffe nennen, mit denen Sie üben. Sie werden erstaunt sein, was denen alles einfällt! Ausreden gelten nicht – beginnen Sie also gleich mit dem Üben, und zwar tagtäglich: im Bus, in der S- oder U-Bahn, im Stau, bei Wartezeiten, einige Minuten in der Frühstücks- oder Mittagspause oder einfach „zwischendurch“. Auch mit nur einem oder zwei Begriffen können Sie alle Stationen durchlaufen!

EINFACHE NAMEN

Frau Bäcker
Herr Bauer
Frau Brauer
Herr Dreher
Frau Eismann
Herr Kaufmann
Frau Maler
Herr Müller
Frau Richter
Herr Sänger
Frau Schäfer
Herr Schneider
Frau Weber
Herr Zimmermann

ZUSAMMEN-GESETZTE NAMEN

Frau Feldkirch (Feld/Kirche)
Herr Grünwald (Grüner/Wald)
Frau Hauschild (Haus/Schild)
Frau Stegherr (Steg/Herr)
Herr Mühleisen (Mühle/Eisen) ▸

Einfache, zusammen-gesetzte und Doppelnamen

Als Erstes beschäftigen wir uns mit Namen, die bereits eine ***KONKRETE BEDEUTUNG*** in sich tragen.

Viele der Namen, die etwas aussagen, sind Berufsbezeichnungen: Bäcker, Fischer, Müller usw. Auch Tiernamen sind häufig: Wolf, Fuchs, usw. Weitere so genannte „einfache“ Namen finden Sie in der Marginalspalte.

Visualisieren Sie hier einfach das Namensbild ganz konkret. Stellen Sie sich den Bäcker vor, wie er Brötchen backt. Sehen Sie den Fischer, wie er seine Netze auswirft. Denken Sie daran, wie der Müller mit der Mühle das Korn mahlt. Malen Sie sich die Szene vor Ihrem inneren Auge ganz groß und lebendig aus.

Je mehr Sie Ihr Vorstellungsvermögen trainieren, desto leichter können Sie sich die betreffende Person als Akteur in einer Szene vorstellen. Einem Gedächtnisprofi würde diese Visualisierungsmethode bereits genügen. Doch bis wir so weit sind, müssen wir uns noch einiger Zusatztechniken bedienen. Auch wenn Ihnen diese anfangs noch umständlich vorkommen, üben Sie bitte immer weiter. Gestalten Sie das Bild so lebhaft wie möglich. Mit der Zeit wird Ihr Vorstellungsvermögen immer flexibler und intensiver. Dann bringen Ihnen auch kürzere und weniger ausgeschmückte Bildszenen Namen und Personen wieder richtig ins Gedächtnis. All das spielt sich in Sekundenbruchteilen ab – genau so, wie Sie das bereits bei Gedächtniskünstlern im Fernsehen bewundert haben.

Andere Namen sind nicht nur auf eine Bedeutung beschränkt, sondern bestehen aus ***ZUSAMMENGESETZTEN, KONKRETEN BEGRIFFEN***: Goldmund, Baumgarten, Hartmann, Neumann, Kochendorf usw. Weitere Beispiele finden Sie in den Marginalspalten.

Wieder eine andere Gruppe von Bedeutung tragenden Namen gewinnt erst durch eine leicht veränderte Schreibweise oder durch das Weglassen oder Hinzufügen von ein oder zwei Buchstaben eine gegenständliche Bedeutung: Bardt, Floss, Tanner, Blum usw.

Wie müssen wir nun vorgehen um uns Familiennamen so einzuprägen, dass wir sie nie wieder vergessen?

Beginnen wir mit den Berufsbezeichnungen. Sicher kennen Sie gleich mehrere Personen, die den Namen Müller tragen. Stellen Sie sich diesen Mann oder diese Frau nun vor, wie er/sie in seinem Anzug, Smoking bzw. Kostüm oder Abendkleid schwere Getreidesäcke zu einer Mühle

▸ Herr Brunnstuhl (Brunnen/Stuhl)
Herr Moosmann (Moos/Mann)
Herr Hummelfeger (Hummel/Feger)
Herr Hagmüller (Hag/Müller)
Frau Heubusch (Heu/Busch)
Herr Holzschuh (Holz/Schuh)
Herr Hufnagel (Huf/Nagel)
Frau Käsfüller (Käs/Füller)
Herr Falkenstein (Falken/Stein)
Herr Strohfeld (Stroh/Feld)
Herr Blankenhorn (Blanken/Horn)
Frau Sonnenmoser (Sonnen/Moser)
Herr Buchbinder (Buch/Binder)
Herr Gutbrot (Gut/Brot)
Herr Hellmann (Hell/Mann)
Frau Jouglet [schuh/klee] (Aussprache)

ERGÄNZEN SIE

Lesen Sie erst weiter bis Seite 21, dann können Sie diese Übung machen!

Süß- ?
Feld- ?
Grüner- ?
Haus- ?
Steg- ?
Mühle- ?
Brunnen- ?
Moos- ?
Hummel- ?
Hag- ?
Heu- ?
Schuh- ?
? -Nagel
? -Füller
? -Stein
? -Feld
? -Ketten
? -Horn
? -Moser
? -Binder
? -Brot
? -Mann
? - Glet [klee]

schleppt. Malen Sie sich aus, wie gebückt die Person geht, wie sie erschöpft ihr Gesicht verzerrt. Genauso verfahren Sie jetzt auch mit den übrigen Namen der Kategorie „Berufe“, die Sie in den Marginalspalten finden.

Lassen Sie uns gleich eine weitere Übung anschließen, die sich mit Tiernamen beschäftigt. Folgen Sie zunächst unseren Hinweisen und fahren Sie dann anhand der weiteren Beispiele für sich alleine fort. Dabei ist es von größter Wichtigkeit, dass Sie sich die Zeit nehmen die Bilder wirklich intensiv zu betrachten.

Los geht's!

FRAU BÄR

Stellen Sie sich jetzt vor, wie Frau Bär auf eine Party geht und einen Tanzbären an der Leine führt.

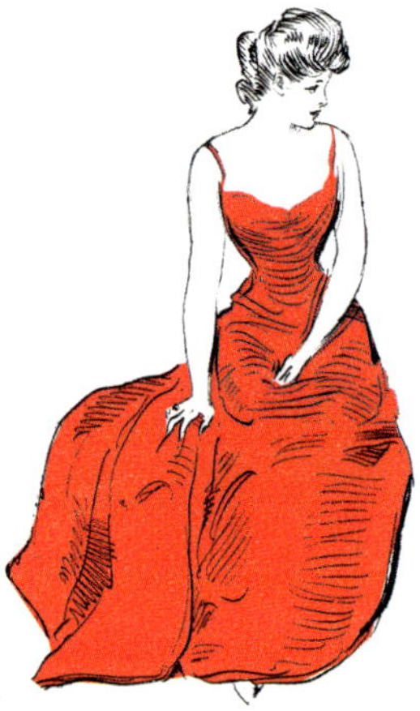

HERR FUCHS

Nehmen Sie den Fuchs und packen Sie ihn in den Koffer von Herrn Fuchs. Lassen Sie das Bild auf sich wirken! Auch wenn Sie den Fuchs dann nicht mehr sehen, verspreche ich Ihnen, dass Sie sich an Herrn Fuchs wieder erinnern können.

FRAU SCHAF

HERR HASE

HERR FROSCH

HERR KREBS

HERR FLIEGE

? = 

Links finden Sie die sieben Personen noch einmal – allerdings ohne die Eselsbrücke, die zu Ihrem Namen führt.

Nehmen Sie sich nun ein separates Blatt Papier und versuchen Sie sich an die Namen zu erinnern – Sie werden schon jetzt merken, dass es Ihnen relativ leicht fällt. Sie haben die Verknüpfungstechnik angewendet und die ist äußerst effektiv!

 = ?

? = 

Und nun ein Beispiel aus der **GRUPPE DER ZUSAMMENGESETZTEN NAMEN**. Zunächst einmal werden Sie sich nur die Namen einprägen ohne diese bereits einer konkreten Person oder einem bestimmten Gesicht zuzuordnen.

 = ?

Herrn **Kochendorf** lassen Sie mit Schürze und **Koch**haube mitten auf dem **Dorf**platz stehen und in einem riesigen Kessel, der über einem großen Feuer hängt, für alle Dorfbewohner kochen.

? = 

Auch die Namen in abweichender Schreibweise sind kein Problem. Herr **Bardt** bekommt einen wunderschönen langen **Bart**, der ihm bis zur Brust reicht. Frau **Floss** hat statt ihrer Hände **Flossen** und Herr **Tanner** bemüht sich gerade eine **Tanne** heimzuschleppen, die er im Wald abgesägt hat.

 = ?

? = 

Wie würden Sie sich den Namen **Heubach** vorstellen? Da gibt es mehrere Möglichkeiten: Ein Haufen **Heu**, der am **Bach** liegt, ist ein statisches Bild, das Sie schnell wieder vergessen. Streuen Sie von diesem Haufen ständig etwas Heu in den Bach, sehen Sie, wie das Heu den

Bach hinunterschwimmt – so bekommen Sie ein dynamisches Bild, das sich weitaus besser, nämlich drei bis sieben Mal so lange einprägt.

1. Stellen Sie nun eigene Bildverknüpfungen her. Die Namen dazu finden Sie in den Marginalspalten der Seiten 16 und 17. Auch zu den unmöglichsten Namen kann man sich eine Geschichte ausdenken. Überlegen Sie nicht lange, sondern malen Sie sich das erste Bild, das Ihnen einfällt, immer weiter aus.

2. Prüfen Sie nun, wie viele der zusammengesetzten Namen Sie diesmal im Gedächtnis behalten haben: Ergänzen Sie die zusammengesetzten Namen, die Sie auf Seite 18 in der Marginalspalte finden!

Je mehr Handlung in das Bild kommt, desto stärker und desto länger können Sie es sich einprägen.

Wenn Sie bisher alle Übungen konsequent mitgemacht haben, sind Sie auf dem besten Weg zu einem perfekten Personengedächtnis – weiter so! Auch nebenstehende DOPPELNAMEN können Sie sich gut merken, wenn Sie die einzelnen Bestandteile visualisieren und paarweise verknüpfen.

Üben Sie diese Methode anhand möglichst vieler Beispiele. Irgendwann werden sich die Verknüpfungen fast wie von selbst herstellen.

DOPPELNAMEN

Visualisieren Sie folgende Doppelnamen so, wie Sie es auf dieser Seite gelernt haben!

Schneider-Roth
Lindemann-Berg
Rösle-Schupp
Gärtner-Langbach
Folgmann-Kiefer
Brettschneider-Graf
Berger-Hoch
Wagner-Stoll
Hauber-Krug
Lochmüller-Ritt

TIP

Gemeinsam übt es sich leichter! Wie wäre es mit einer Runde „WHO IS WHO?“ – unser Gedächtnisspiel? Laden Sie ein paar Freunde dazu ein. Das macht nicht nur Spaß, sondern bringt auch einen enormen Lerneffekt!

Gewusst wie!

„Wer aufhört besser zu werden,

hat aufgehört gut zu sein!"

Philip Rosenthal

Doch wie gehen wir vor, wenn wir es mit einem **NAMEN OHNE KONKRETE BEDEUTUNG** zu tun haben?

In diesem Fall lassen wir unserer Fantasie freien Lauf und geben dem Namen einfach eine Bedeutung – vollkommen abstrakte Wörter sind schwer zu behalten.

Wir denken uns ein Wort aus,
das so ähnlich klingt wie der Name –
ein so genanntes Ersatzwort.

Dabei ist lediglich der Kern des Wortes wichtig. Wenn Sie sich den einprägen können, fällt Ihnen der Rest automatisch ein. Dabei lässt Sie Ihr Gedächtnis nicht im Stich – trotz aller Gedächtnisstützen ist dessen Erinnerungsleistung immer noch beachtlich.

Nehmen wir an, bei einer Konferenz wird Ihnen ein Herr **Traimer** vorgestellt. Wie merkt man sich diesen Namen? Welches Ersatzwort fällt Ihnen dazu ein? Nun, Sie könnten ihn sich vielleicht als **Träumer** oder besser noch als „Traumwandler" vorstellen, wie er mit ausgestreckten Armen und geschlossenen Augen auf dem Dach wandelt.

Noch ein Beispiel: Einer Ihrer Kunden trägt den ausgefallenen Namen **Lambro**. Wie merken Sie sich das? In diesem Fall ist das schon schwieriger, hier braucht man gleich zwei Ersatzwörter. Sagen Sie den Namen noch einmal vor sich hin: Lam-bro.

Fällt Ihnen etwas auf? Lambro klingt wie „**Lamm**" und „**Brot**". Jetzt müssen Sie sich nur noch ein möglichst einprägsames Bild dazu ausdenken. Nichts leichter als das: Herr Lambro geht mit einem Laib Brot unter dem Arm und einem scharfen Messer in der Hand auf die Weide um ein Lamm zu schlachten.

Genauso geben Sie dem Namen **Blauhorst** eine Bedeutung: Sie sehen Herrn Blauhorst in einem Adlerhorst sitzen. Mit einem riesengroßen Pinsel malt er den ganzen **Adlerhorst blau** an.

Herr **Windrak** fährt im **Wind** im **Anorak.** Stellen Sie sich einfach vor, wie er im Wind auf seinem Rad sitzt und Sie werden seinen Namen nie wieder vergessen.

Und jetzt versuchen wir es mit einem richtigen Zungenbrecher: Herr **Kulowsky**. Welche Ersatzwörter fallen Ihnen dazu ein? Überlegen Sie sich ein originelles Bild dazu, z. B: Die Kuh lief Ski, auf schwäbisch: „**Die Kuh loff Ski**". War doch einfach, oder?

Herr **Papadopoulus**: Der **Papa** geht heim und isst eine **doppelte Nuss.**

Je absurder das Ganze, desto besser!

Je unsinniger Ihr Ersatzwort, umso einprägsamer ist es auch. Sie werden merken, wie unglaublich erfinderisch Sie mit der Zeit werden. Auf diese Weise beflügeln Sie nicht nur Ihre Fantasie, sondern schulen auch gleichzeitig Ihr Gedächtnis. Wenn Sie regelmäßig üben, fallen Ihnen zahlreiche Bedeutung stiftende Möglichkeiten ein.

1. Jetzt sind Sie an der Reihe:
Versuchen Sie die folgenden Namen
zu visualisieren
um sie sich so einzuprägen:

Herr Großhaberstroher → Groß-Haber-Stroher
Frau Maidofski → Mai-Dof-Ski
Herr Ellermannhausen → Eller-Mann-Hausen
Frau Mosbruckmann → Mos-Bruck-Mann
Herr Damprovski → Dam-?-?
Herr Rigoletto → Rig-?-?
Herr Brailowsky → Brai-?-?
Frau Kamasarof → Kama-?-?

2. Prüfen Sie nun,
wie viele dieser „zusammengesetzten Namen“
Sie diesmal im Gedächtnis behalten haben.
Decken Sie diese Seite mit einem Blatt Papier ab
und ergänzen Sie die Namen
auf der nächsten Seite:

Groß-?-?

Mai-?-?

Eller-?-?

Mos-?-?

Dam-?-?

Rig-?-?

Brai-?-?

Kama-?-?

Wenn Sie bereits beim ersten Anlauf mehr als sechs Namen behalten konnten, ist das ein hervorragendes Ergebnis! Die anderen prägen Sie sich bei einem zweiten Durchlauf ein!

Für alle, die noch weiter üben möchten – und damit ein wenig schneller zu einem perfekten Namensgedächtnis kommen – nebenstehend noch mehr Übungsbeispiele von A-Z. Sie werden staunen, wie schnell sich Ihr Personengedächtnis damit perfektionieren lässt!

„Denke immer daran,
dass deine Entschlossenheit
erfolgreich zu sein
wichtiger ist
als alles andere."
Abraham Lincoln

NAMEN OHNE KONKRETE BEDEUTUNG

Übungsbeispiele von A-Z

Adomeit
Bardanischek
Costabel
Demeler
Enzenrohs
Fronober
Gieseke
Halawatschek
Indruch
Jesenik
Kienzle
Martens
Nawratil
Osmani
Petugger
Quednau
Ruggaber
Strittmatter
Thanscheidt
Unglehrt
Valente
Warbinek
Yenilmez
Xiaorong
Zwolinski

KOPFFORMEN

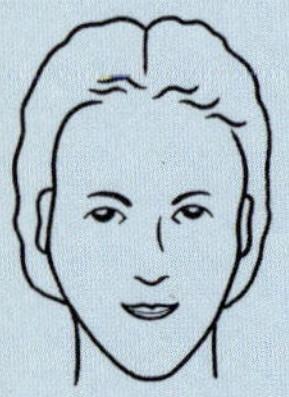
LÄNGLICH

RUNDLICH
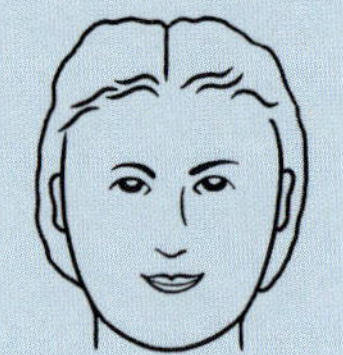

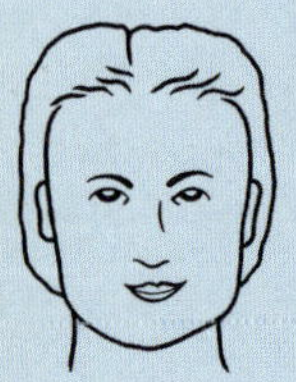
RECHT-
ECKIG

DREIECKIG
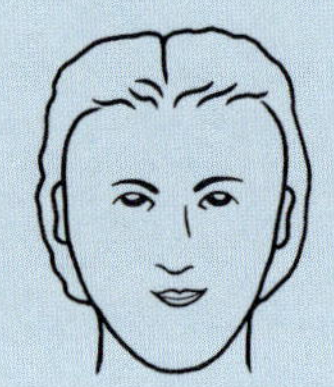

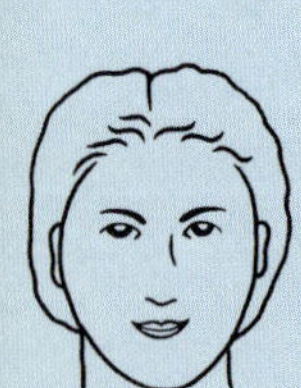
OVAL

SCHMAL
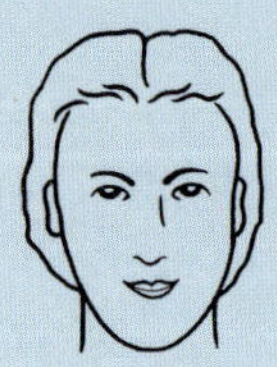

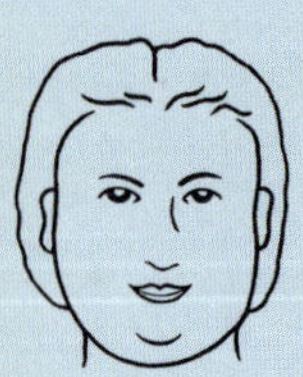
VOLL

DAS VERKNÜPFEN VON
NAMEN UND GESICHT

Who is who?

„Zum Erfolg gibt es keinen Lift, man muss die Treppe benützen.“

Emil Oesch

Aber, werden Sie sagen, was nützt es mir, wenn ich mir alle diese Namen merken kann? Damit allein ist mir noch nicht geholfen. Wichtig ist doch, dass ich mir auch die Gesichter dazu einprägen und den Namen richtig zuordnen kann. Das ist der nächste Schritt unseres Trainings.

Fällt es Ihnen schwer sich Gesichter zu merken? Dieses Problem lässt sich mit ein wenig Übung leicht beheben: Schauen Sie sich die Gesichter der Menschen, die Ihnen auf der Straße entgegenkommen oder im Restaurant gegenübersitzen, einmal genau an. Fällt Ihnen dabei etwas auf? Die linke Gesichtshälfte sieht immer etwas anders aus als die rechte. Bei manchen Gesichtern ist die obere Partie mehr betont, bei anderen stechen eher die mittlere oder die untere Partie ins Auge.

Fast jedes Gesicht –
selbst wenn es Ihnen
auf den ersten Blick alltäglich erscheint –
hat irgendein besonderes Merkmal,
etwas, das Ihnen auffällt.

Darauf baut unsere Methode auf. Forschen Sie im Gesicht Ihres Gegenübers nach einem Ihrer Meinung nach besonderen Merkmal – nach etwas, das ins Auge sticht, z. B. eine dicke Nase, lebhafte Augen, eine hohe Stirn, fleischige Lippen, große oder abstehende Ohren, ein langer Bart, markante Falten, Linien oder Narben, eine Glatze, markante Wangenknochen usw. Wenn Sie so ein Merkmal nicht gleich auf Anhieb finden und glauben, ein so genanntes „Dutzendgesicht" vor sich zu haben, studieren Sie die Gesichtszüge noch etwas genauer. Beobachten Sie die MIMIK Ihres Gegenübers. Dann wird Ihnen mit Sicherheit irgendetwas auffallen. Wenden Sie diese Methode regelmäßig an – bald wird es Ihnen nicht mehr schwer fallen, sich Gesichter einzuprägen!

Als Nächstes betrachten Sie die Zeichnungen auf diesen und den beiden folgenden Seiten in aller Ruhe. Sie müssen die dargestellten Merkmale nicht auswendig lernen. Dennoch sollten Sie ruhig ein paar Minuten bei den Abbildungen verweilen.

Machen Sie sich die unterschiedlichen Merkmale bewusst.

Vielleicht fällt Ihnen auf Anhieb ein Verwandter oder Bekannter ein, der einen runden, ovalen oder viereckigen Kopf hat.

Auch wenn Sie sich für diese Übung nur fünf bis zehn Minuten Zeit nehmen, werden Sie Gesichter ab sofort mit ganz neuen Augen sehen, denen nichts mehr entgeht.

STIRN

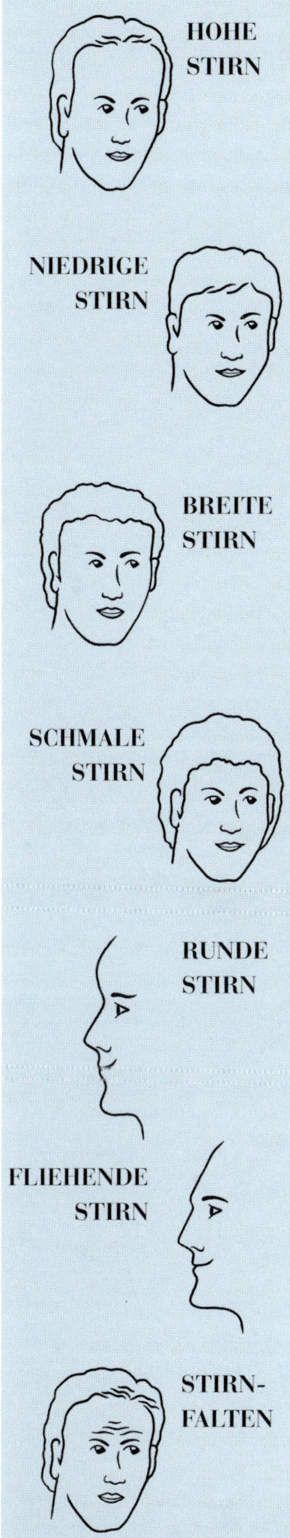

KINN

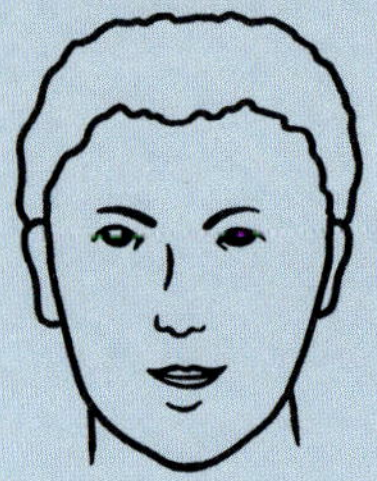
SPITZES KINN

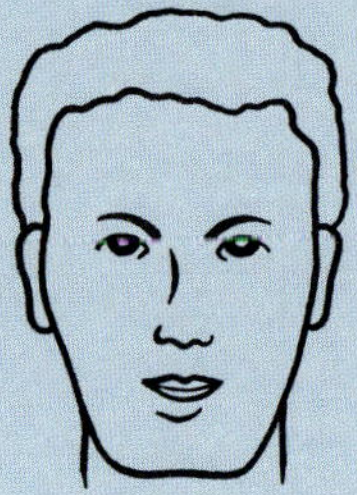
ECKIGES KINN

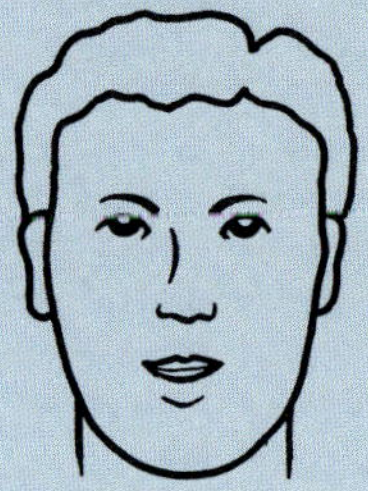
RUNDES KINN

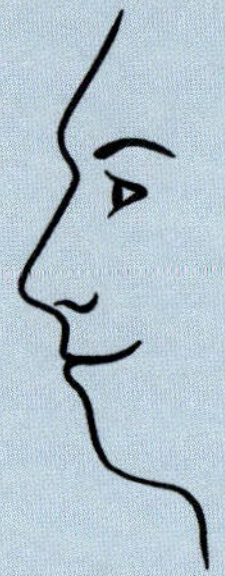
FLIEHENDES KINN

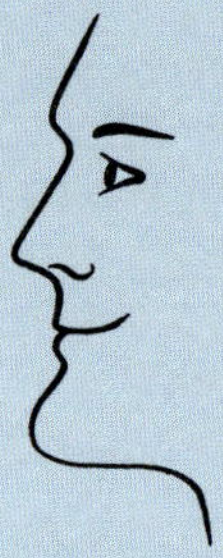
VORSTEHENDES KINN

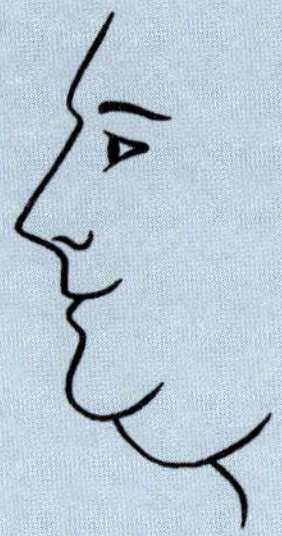
DOPPELKINN

AUGEN

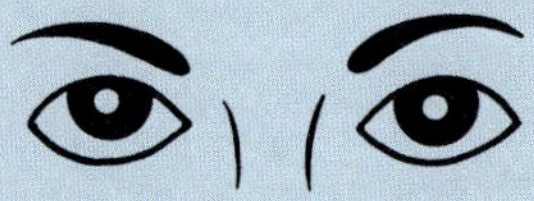
GROSSE AUGEN

KLEINE AUGEN

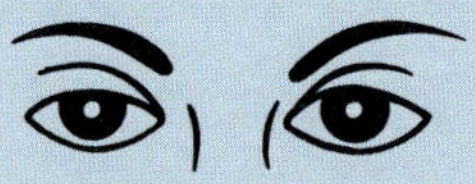
TIEFLIEGENDE AUGEN

MANDELFÖRMIGE AUGEN

KATZENFÖRMIGE AUGEN

MUND

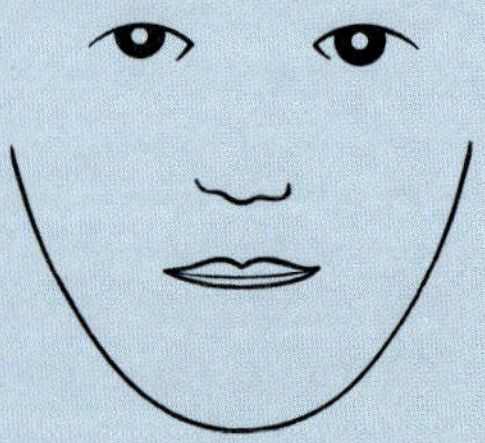
SCHMALE LIPPEN

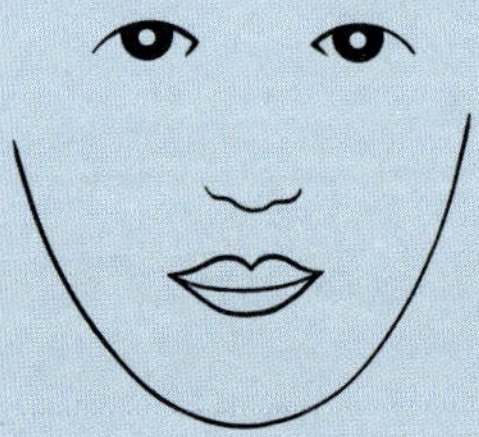
VOLLE LIPPEN

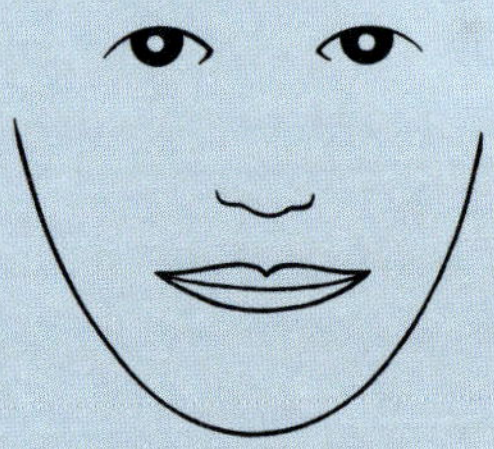
GROSSER MUND

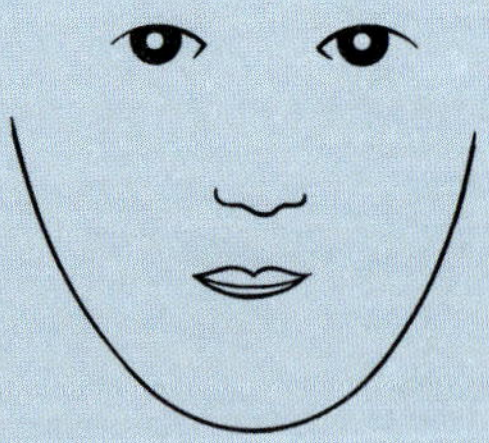
KLEINER MUND

NASE

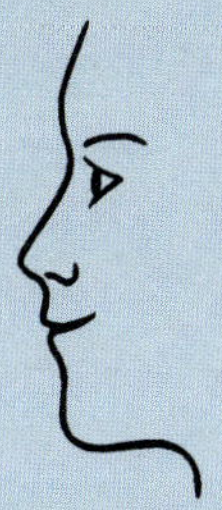
KLEINE NASE

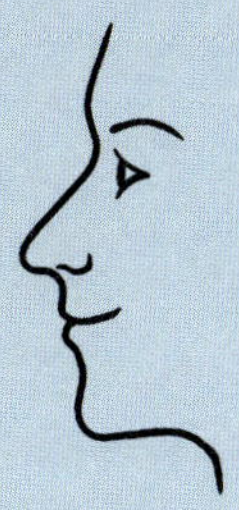
GROSSE NASE

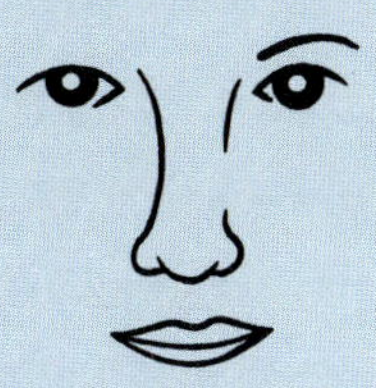
BREITE NASE

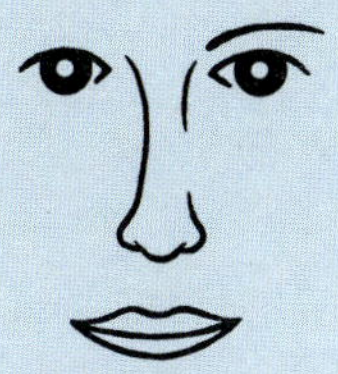
SCHMALE NASE

SPITZE NASE

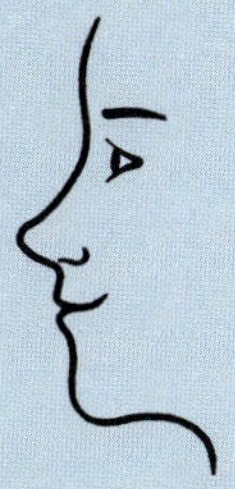
STUPSNASE

HAKENNASE

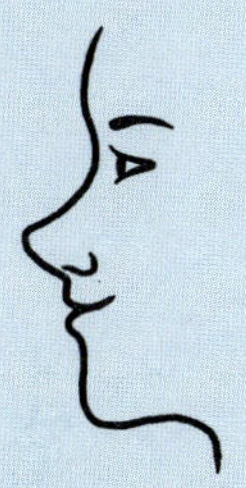
HIMMELFAHRTS-NASE

PROFIL

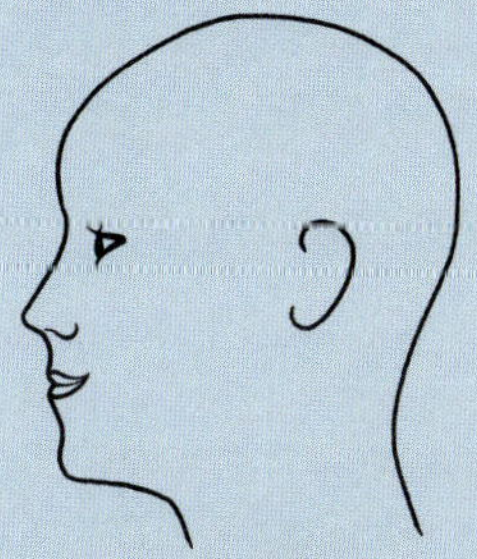
RUNDER KOPF

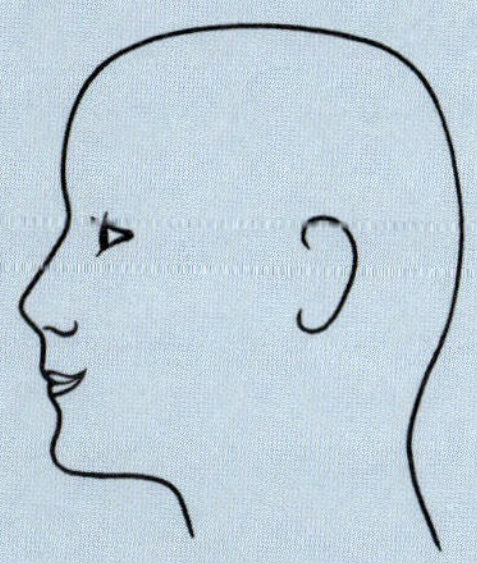
ECKIGER KOPF

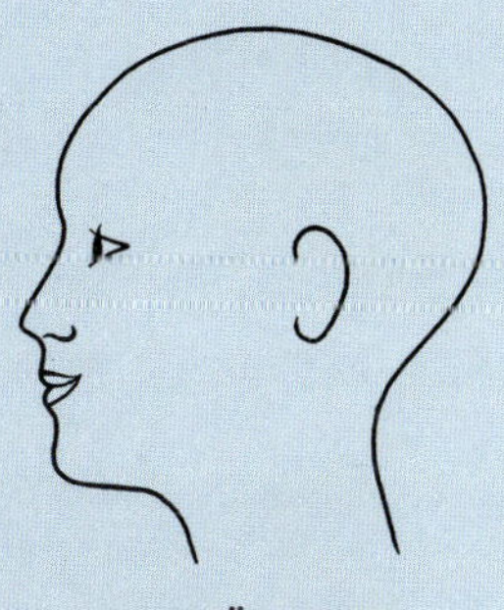
GEWÖLBTER HINTERKOPF

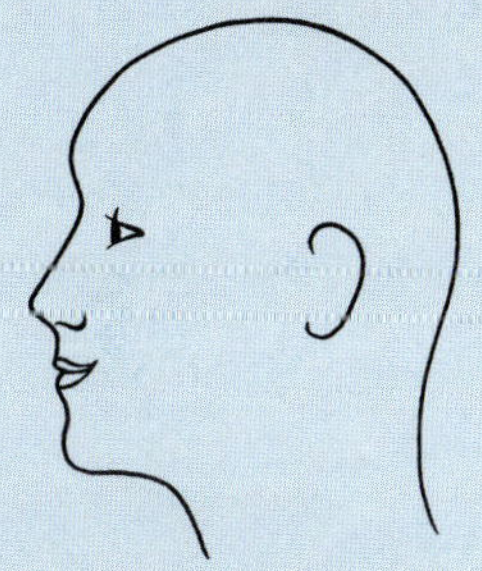
FLACHER HINTERKOPF

BART

SCHNAUZBART

VOLLBART

KINNBART

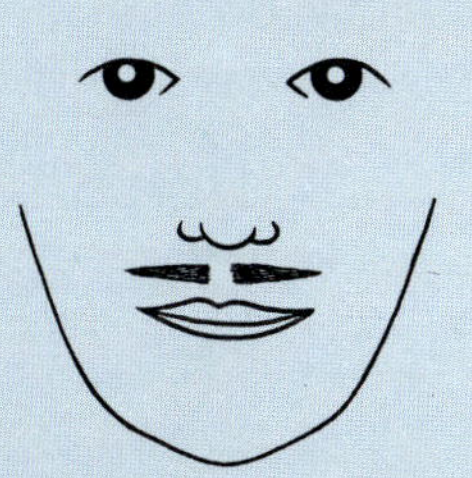
CLARK GABLE

WHO IS WHO?

---

1. Konzentrieren Sie sich zunächst auf die grundlegenden Unterscheidungsmerkmale von Gesichtern. Schulen Sie Ihr bildliches Vorstellungsvermögen: Die linke Gesichtshälfte ist immer anders als die rechte!

---

2. Betrachten Sie jeweils die obere, die mittlere und dann die untere Gesichtspartie für sich. Welche ist am stärksten ausgeprägt?

---

3. Suchen Sie nach einem besonderen Merkmal, nach etwas, das ▶

Jetzt müssen Sie nur noch eine Brücke zwischen dem Gesicht und dem Ersatzwort schlagen, das Sie sich für den Namen der betreffenden Person ausgedacht haben. Vielleicht ahnen Sie bereits, wie man dabei vorgeht. Denken Sie daran: Unser Gedächtnistraining beruht auf dem Prinzip der Assoziation, der Verknüpfung. Verbinden Sie einfach das besondere Merkmal des Gesichts mit dem bereits angefertigten Namensbild. Je absurder oder verrückter die Assoziation ist, desto besser lässt sie sich einprägen. Die bildliche Verknüpfung sollte möglichst gegenständlich sein – auf diese Weise können Sie die Szene besser behalten. Bleibt das Bild zu abstrakt, wird es schnell wieder vergessen.

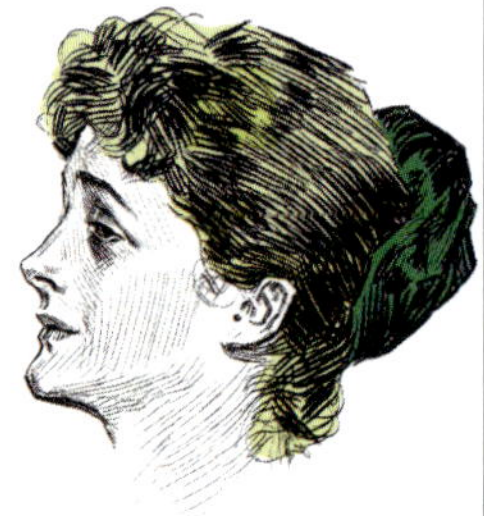

Frau Knoll trägt die Haare hinten zu einem Knoten zusammengebunden. Der Knoten erinnert uns an eine Sellerieknolle.

Herr Kämmler ist immer sorgfältig frisiert. Wir denken uns seinen Kamm noch in den Haaren steckend. Dieser Kamm wird uns automatisch an den Namen Kämmler erinnern.

Frau Krauter hat eine Frisur wie ein Struwwelpeter. Wir sehen vor unserem inneren Auge, wie ihre Haare sich zu Kräutern formen.

Herr Fellmer hat eine auffällige Perücke. Stellen Sie sich vor, wie die Perücke nach und nach seinen ganzen Körper überwuchert, zu einem Fell wird.

Herr Bolei hat eine Glatze. Wir begießen sie mit Ananas-Bowle und zerschlagen auf ihr ein Ei. (Aufgepasst: Das ist kein Rezept für ein neues Haarwuchsmittel, sondern nur eine Merkhilfe!) Immer, wenn wir Herrn Bolei sehen, werden wir an die Ananas-Bowle und das Ei denken und sofort seinen Namen wissen.

Herr Hollberger hat eine besonders markante Nase mit großen Nasenlöchern. Stellen Sie ihn auf einen Berg zu Frau Holle und lassen Sie es aus seiner Nase heraus schneien, sodass der ganze Berg schneebedeckt ist.

Anfangs sollten Sie sich die Szenen so detailgetreu vorstellen wie möglich. Nach einigen Tagen oder Wochen Training kommen Sie bereits mit weniger Gedächtnisstützen aus. Nebenstehend finden Sie eine Zusammenfassung der gerade besprochenen Mnemotechnik.

Prägen Sie sich auf diese Art und Weise mindestens zehn Gesichter täglich ein. Daraufhin werden Sie das Gesicht anhand des Merkmals, das Ihnen besonders aufgefallen ist, auf Anhieb wieder erkennen. Nach zwei bis drei Tagen besitzen Sie schon eine fantastische Beobachtungsgabe. Schnell prägen Sie sich die unterschiedlichsten Gesichter ein, die Sie jederzeit wieder erkennen.

wirklich ins Auge sticht, wie eine dicke Nase, eine hohe Stirn, fleischige Lippen, große Ohren, Haare, Bart usw.

4. Um dem Gesicht den richtigen Namen zuordnen zu können verknüpfen Sie die besonderen Merkmale nun mit dem Namensbild der betreffenden Person.

5. Je absurder die Verknüpfung, desto besser. Dabei gilt auch: Je gegenständlicher die visualisierte Szene ausfällt, desto besser prägt sie sich ein.

ÜBEN, ÜBEN, ÜBEN

Herzlich willkommen!

Jetzt haben Sie reichlich Gelegenheit Ihr Gedächtnis zu trainieren. Wir stellen Ihnen mehrere Personen vor, deren Namen Sie sich einprägen sollen. Anfangs geben wir Ihnen noch eine kleine Hilfestellung, später müssen Sie sich dann Ihre eigenen originellen Bilder machen. Jedem Menschen fällt beim Betrachten eines Gesichts etwas anderes auf – halten Sie sich deshalb bitte nicht strikt an unsere Vorschläge, sondern verwirklichen Sie Ihre eigenen Ideen! Und denken Sie daran:

1. Nehmen Sie sich Zeit. Beobachten Sie das Gesicht Ihres Gegenübers ganz genau.

2. Verwenden Sie anfangs die „Gesichtertafeln" von Seite 26–29.

3. Suchen Sie nach besonderen Merkmalen.

4. Finden Sie eine möglichst fantasievolle Verbildlichung – am besten in Verbindung mit dem besonderen Merkmal.

Frau Greil: Grell strahlt ihr Lächeln durch das Bild. Grellrot sind auch ihre Lippen geschminkt. Vielleicht trägt sie dazu auch gern Pullover in kräftigen, leuchtenden Farben? Sicher fallen Ihnen noch weitere Assoziationsmöglichkeiten zu dieser hübschen jungen Dame ein!

Herr Schulze: Denken wir an „Dorfschulze", also an einen Bürgermeister. Schauen Sie sich sein Gesicht noch einmal an. Würde sein leutseliges Lächeln, sein freundlicher Blick nicht gut zum Bürgermeister eines kleinen Dörfchens passen? Prägen Sie sich das Gesicht im Zusammenhang mit dieser Assoziation ein. Begrüßen Sie den Bürgermeister: „Guten Tag, Herr Schulze!" Welches Bild ist Ihnen zu Herrn Schulze eingefallen?

Herr Kaiser: Sehen Sie sich seinen Haaransatz etwas genauer an, setzen Sie ihm eine Kaiserkrone auf. Passt sie nicht gut zu seiner hohen Stirn und dem eleganten weißen Schnurrbart? Stecken Sie auf die Krone noch eine zweite Krone, damit Sie nicht aus Versehen „Herr König" zu ihm sagen. (Der Kaiser ist höher als der König – deshalb die zwei Kronen.) Sicherlich ist Ihnen noch etwas Originelleres zu Herrn Kaiser eingefallen!

Herr Weber, der lachende Herr Weber, hat sicher nichts dagegen, wenn wir ihm aus seinen Haaren gedanklich einen kleinen Teppich auf den Kopf weben. Jetzt stellen wir uns vor, wie er mit diesem „Gewebe" auf dem Kopf hinter einem Webstuhl hervorlacht und wir ihn wie folgt begrüßen: „Guten Morgen, Herr Weber." Welche Assoziationen hat Herr Weber bei Ihnen wachgerufen?

Herr Freitag: Sehen Sie sein zufriedenes Lächeln. Sieht er nicht aus wie jemand, der sich am Freitagabend aufs Wochenende freut? Oder strahlt er, weil er heute seinen freien Tag hat? Ihrer Fantasie sind keine Grenzen gesetzt. Im Grunde ist es völlig egal, welche Verknüpfung Sie erfinden. Hauptsache, es fällt Ihnen etwas ein.

Guten Tag, **Herr Kaufels**! Kaufen wir Felsen? Ja? Ihre Nasenspitze sieht aus wie ein runder Felsen. So eine Nase kaufe ich mir auch. Und wie Sie das linke Auge zukneifen, als hätten Sie den Felsen sehr günstig gekauft. Etwas locker daherreden, das darf ich doch, Herr Kaufels! Also bis bald – ich werde Sie auf Anhieb wieder erkennen!

Hallo, **Herr Spielvogel**, spielen Sie oft mit Ihren Haaren, die Sie nach hinten gekämmt tragen wie ein Vogel seine Vogelfedern? Spielen Sie oft mit Ihrem Bartansatz, der aussieht wie ein gerupfter Vogel? Was spielen wir als Nächstes, Herr Spielvogel? Zeigen Sie mir bloß nicht den Vogel!

Frau Tulpenauer lacht sehr freundlich, wie eine Tulpe, die auf der Aue (Wiese) steht. Mit etwas Fantasie wird aus ihrem Hals ein zarter Blumenstängel und aus der länglich-ovalen Kopfform von Frau Tulpenauer tatsächlich eine Tulpe. Hallo, Frau Tulpenauer!

Herr Plenk „blinkt" fröhlich durch seine Brillengläser. Er „blinkt" Ihnen mit den Augen freundlich zu. Suchen Sie ruhig noch nach anderen auffälligen Gesichtsmerkmalen, die Sie sich ebenfalls „blinkend" vorstellen: blinkende Zähne, eine glänzende Nase … Damit Sie aber nicht aus Versehen „Guten Tag, Herr Blinker" sagen, wiederholen Sie noch einmal betont: „Herr Plenk". Welche Assoziation ist Ihnen eingefallen?

Herr Rosenplicker: Sieht er nicht hübsch aus? Stellen Sie sich vor, wie er seiner Geliebten Rosen pflückt. Sehen Sie die Locken, sein Lächeln, versetzen Sie dieses Gesicht in einen Rosengarten. Guten Tag, Herr Rosenplicker!

Herrn Hamburger sehen wir, wie er gerade in seinen Hamburger hineinbeißt. Die Soße spritzt in die Steilfalte über der Nase. Seine Nase ist so groß, dass sie sich beim Essen geradezu in das Hamburger-Brötchen hineinbohrt! Würde sein wettergegerbtes Gesicht nicht gut zu einem Hamburger Matrosen passen? Und nun schreiben Sie auf, was Ihnen zu Herrn Hamburger eingefallen ist!

Ich sehe **Frau Eicher** mit Eichenlaub auf ihrem kurzen, grauen Haar. Stellen Sie sich vor, wie sich ihre Haarsträhnen in Eichenblätter verwandeln. Oder: Ihr Nasenrücken ist breit und kräftig wie der Stamm einer Eiche. Und was ist Ihnen zu Frau Eicher eingefallen?

Herr Hildebrand: Sehen Sie sein verklärtes Lächeln? Stellen Sie sich vor, er ist in Liebe zu Hilde entbrannt. Hoffentlich werden Sie von der schönen Hilde erhört, Herr Hildebrand! Natürlich gibt es noch andere Möglichkeiten, sich den Namen Hildebrand einzuprägen.

Herr Anger: Lange Nase, längliches Gesicht. Ein „langer" Herr Anger. Vielleicht angelt er auch? Stellen Sie sich seine Haare als Angelschnüre vor, an denen viele Fische zappeln. Vielleicht hängt er ja auch seine lange Nase als Angelköder ins Wasser? Dieses markante Gesicht vergessen Sie bestimmt nie wieder!

Sehen Sie sich das freundliche, gutmütige Gesicht von **Herrn Nikol** an und denken Sie sich die hohe, runde Stirn unter eine Nikolausmütze. Passt das nicht gut zu ihm? Engagieren Sie ihn doch als Nikolaus für Ihre Kinder und lassen Sie ihm noch einen langen, weißen Bart wachsen! Auf diese Weise werden Sie sich bestimmt wieder an den netten Herrn Nikol erinnern!

Was fällt Ihnen an **Herrn Huttenlocher** auf den ersten Blick auf? Vielleicht sein langes Haar? Stellen Sie sich dieses Haar unter einem Hut vor. Der Hut hat ein Loch, durch das sich sein blondes Haar hervorkräuselt. Eigentlich ist der Name jetzt gar nicht mehr so schwer zu merken, nicht wahr? „Guten Tag, Herr Huttenlocher!"

Frau Prikwitz lächelt Sie verschmitzt an. Stellen Sie sich vor, dass sie Ihnen gerade einen grandiosen Witz erzählt hat. Lassen Sie sie noch ein Glas prickelnden Sekt dazu trinken, damit Ihnen die erste Silbe –„Prik“– auch mit hundertprozentiger Sicherheit zu dem Witz einfällt. Und welche Assoziation hatten Sie?

Herr Schatorje: Stellen Sie sich vor, er steht im Schatten vor dem Tor des Wirtshauses und sagt „Oje!“, denn er hat zu viel getrunken. Schauen Sie sich sein Gesicht an und schon passt es in das Fantasiebild. Und nun schreiben Sie Ihren eigenen Einfall auf!

Herr Rosilowsky: Stellen wir uns vor, wie er mit der Rosi Ski läuft. Also: Rosi-low (laufen) -sky (Skier). Und jetzt suchen Sie noch ein besonderes Gesichtsmerkmal, z. B. die kurzen Haare. Sehen Sie, wie diese beim Skifahren mit Rosi vom Wind zerzaust werden. Natürlich können Sie sich auch ein anderes Bild vorstellen.

Frau Andriollo hat schöne Locken, die sie sich andreht (Andri-), und zwar am Rollo (-ollo – Rolladen). Jetzt schauen Sie sich auch noch ihr Gesicht genau an – Kinn, Lippen, Nase, Augenbrauen. Bauen Sie ein Fantasiebild um das Gesichtsmerkmal, das Ihnen besonders auffällt. Diese zweite Verknüpfung ist deshalb zu empfehlen, weil Frauen ihre Frisur häufiger wechseln.

Nun haben Sie sich zwanzig Gesichter und die dazugehörigen Namen eingeprägt – darunter richtige Zungenbrecher, bei denen Sie früher sofort resigniert hätten.

ERFOLGS-KONTROLLE

1. Schauen Sie sich die Fotos und die Namen der letzten beiden Seiten ruhig öfter an und vergegenwärtigen Sie sich dabei immer wieder die Assoziation, die Sie einmal hergestellt haben.

2. Wenn Sie sich die Gesichter ein wenig eingeprägt haben, decken Sie die Namen mit der Hand oder mit einem Stück Papier ab.

3. Versuchen Sie sie laut vor sich her zu sagen.

Wetten, dass Sie Herrn Rosilowsky, Frau Eicher, Herrn Kaufels, Frau Tulpenauer und Ihre anderen neuen Bekannten jetzt auf Anhieb wieder erkennen?

Sobald Sie eines ihrer Gesichter sehen, wird Ihnen automatisch die Assoziation einfallen, die Sie selbst hergestellt haben – und damit auch der Name. Testen Sie sich selbst! Nebenstehend finden Sie die Fotos jetzt noch einmal in veränderter Reihenfolge und ohne Namen. Sehen Sie sich die Gesichter genau an, erinnern Sie sich bei jedem Gesicht an das Merkmal, das Ihnen aufgefallen ist – dann kommt Ihnen der dazugehörige Name wie von selbst in den Sinn.

Nummerieren Sie die Personen von eins bis zwanzig durch und ordnen Sie ihnen jeweils den korrekten Namen zu.

Blättern Sie jetzt zurück und stellen Sie fest, ob Sie die Personen korrekt benannt haben.

Sind Sie mit dem Ergebnis zufrieden?
Ihr Personengedächtnis
hat sich bereits entscheidend verbessert,
gleichzeitig sind Ihr Vorstellungsvermögen
und Ihre Konzentrationsfähigkeit gewachsen.

Ab jetzt werden Ihnen auch die nächsten Übungen keine Schwierigkeiten mehr bereiten!

„Jeder Mensch ist
von Zeit zu Zeit begeistert.
Bei dem einen dauert
die Begeisterung dreißig Minuten,
bei dem anderen dreißig Tage –
doch im Leben bringt es nur
derjenige zu etwas,
bei dem sie
dreißig Jahre lang anhält.“

Katholischer Sinnspruch

ERFOLGS-KONTROLLE

ÜBUNGSTIP

1. Seien Sie kreativ und stellen Sie sich Ihre Übungen selbst zusammen!

2. Schneiden Sie aus einer Zeitschrift zehn Gesichter aus, denen Sie ganz willkürlich Namen aus dem Telefonbuch zuordnen.

3. Verknüpfen Sie Namen und Gesichter und wiederholen Sie die Übung am nächsten Tag.

PERSONEN AUF DAUER BEHALTEN

So bleibt jeder Name hängen!

Wenn Sie nicht regelmäßig üben, wird Ihre Gedächtnisleistung rasch wieder nachlassen. Der Alltag bietet Ihnen unzählige Gelegenheiten Ihr Personengedächtnis zu trainieren – nutzen Sie sie!

Trainieren Sie Ihr Vorstellungsvermögen!

Erinnern Sie sich in einer ruhigen Stunde an Personen aus Ihrer Jugend, an die damaligen Gesichter Ihrer Eltern und Lehrer, Filmstars und Politiker. Je weiter sich Ihr Vorstellungsvermögen entwickelt hat, desto klarer sehen Sie die Bilder vor sich. Sie sollten sich noch genau an einzelne Szenen, erstaunte, lachende, glückliche und ernste Gesichter erinnern können. Wenn Sie das mentale Bild eine Minute lang vor Ihrem inneren Auge stehen lassen können, dann hat sich Ihre Konzentrationsfähigkeit bereits erheblich verbessert.

Nach und nach können Sie sich auch komplexere Zusammenhänge merken – die Umstände, unter denen Sie jemanden getroffen haben, Einzelheiten aus einem Katalog oder aus einem Stadtplan.

Wenn Sie eine Mitarbeiter- oder Kundenkartei haben, nehmen Sie die zu merkenden Namen auf Kassette auf. Das empfiehlt sich vor allem, wenn es mehr als hundert sind. Hören Sie sich die Kassette in einem entspannten Moment an. Mit der Zeit wird ein starker Gewöhnungseffekt eintreten. Diese Methode eignet sich besonders gut um sich ausländische oder schwer auszusprechende Namen zu merken. Während Sie das Band abhören, stellen Sie sich immer die einzelnen Gesichter dazu vor! Sie sollten Ihr bildliches Vorstellungsvermögen nicht überstrapazieren. Steigern Sie den Schwierigkeitsgrad langsam und üben Sie regelmäßig!

TIP

Nach so viel Gedächtnistraining sollten Sie ruhig eine kleine Spielpause einlegen und Ihre Fortschritte testen!

Leider hat sich die Unsitte eingebürgert mehrere Personen sehr rasch hintereinander vorzustellen. Darüber hinaus werden die Namen häufig undeutlich ausgesprochen, sodass es fast unmöglich ist, alle Namen und Gesichter der vorgestellten Personen zu behalten.

Bitten Sie um eine langsame und deutliche Nennung der Namen.

Das braucht Ihnen nicht peinlich zu sein. Jeder fühlt sich geschmeichelt, wenn Sie Interesse an seinem Namen zeigen und ihn bei der nächsten Gelegenheit wieder damit anreden. Machen Sie es sich zur Gewohnheit, immer nachzufragen, wenn Sie einen Namen nicht verstanden haben! Danach sollten Sie ihn umgehend wiederholen: „Guten Tag, Herr Ummendorfer, freut mich Sie kennen zu lernen“. Jetzt stellen Sie sich vor, wie Herr Ummendorfer mit seinen großen Füßen um das Dorf herumgeht. So verfahren Sie auch mit jeder weiteren Person.

Verblüffen Sie Ihre Freunde, Kunden und Bekannten mit Ihrem großartigen Namensgedächtnis!

EIN GEDÄCHTNIS OHNE GRENZEN

Menschen aus aller Welt

FRAU ONDORISHA
JAPAN

FRAU KAMINSKY
POLEN

FRAU VAN REEMST
NIEDERLANDE

FRAU GALLIMARD
FRANKREICH

FRAU BLACKWATER
ENGLAND

FRAU FRATELLI
ITALIEN

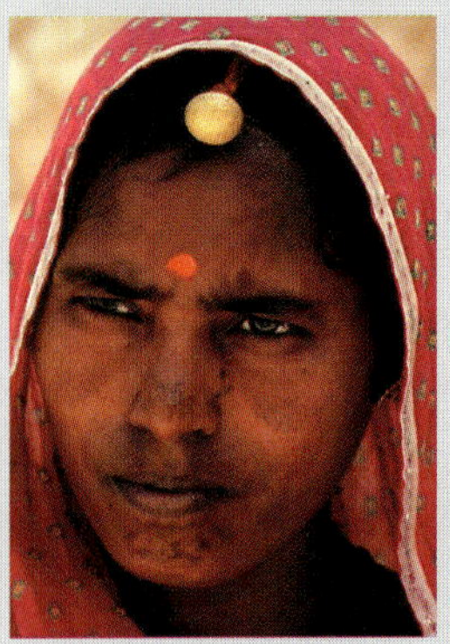

FRAU RAGADEVI
INDIEN

FRAU ALMQUIST
SCHWEDEN

FRAU KALANTIDIS
GRIECHENLAND

FRAU ASAUETA
MEXIKO

HERR INDRANATH
AUSTRALIEN

HERR SINGH
INDIEN

HERR ABDUL
TUNESIEN

HERR HANIMELI
TÜRKEI

HERR SHUTOMO
JAPAN

HERR DE LA CRUZ
GUATEMALA

HERR RABBIN
ISRAEL

HERR CHANG
MONGOLEI

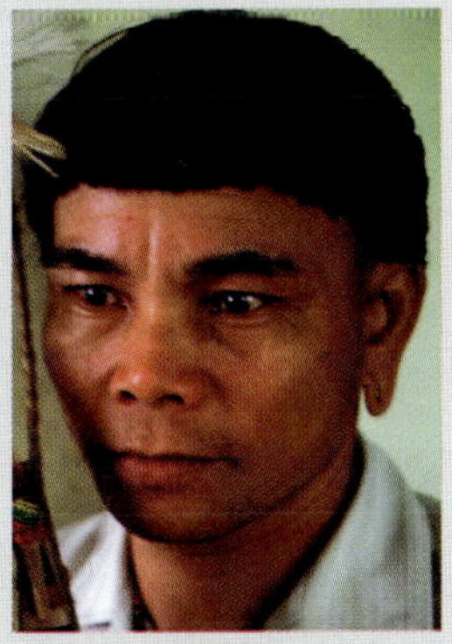

HERR KIM WONG
KOREA

HERR TUCKERBY
KANADA

ERFOLGS-KONTROLLE

Zu unseren liebsten Freizeitbeschäftigungen gehört das Reisen. Viele von uns sind auch beruflich viel unterwegs und knüpfen internationale Kontakte. Ob als Reiseführer, Gastgeber oder Kunde – bei all diesen Gelegenheiten lernen wir viele Menschen kennen. Dabei fällt es uns häufig ganz schön schwer die Namen dieser Menschen korrekt auszusprechen, geschweige denn im Gedächtnis zu behalten!

Auf den beiden vorhergehenden Seiten haben wir Ihnen eine Gruppe Damen und eine Gruppe Herren vorgestellt. Bitte lernen Sie nicht alle auf einmal, sondern machen Sie nach jedem Block eine kleine Pause.

Versuchen Sie jeden einzelnen Namen zu behalten – diesmal ganz ohne Hilfestellung. Konzentrieren Sie sich und rufen Sie sich noch einmal die einzelnen Schritte unserer Mnemotechnik ins Gedächtnis (s. S. 32).

Überprüfen Sie nun, wie viele der Namen und Gesichter Sie auf Anhieb zuordnen konnten. Dazu verwenden Sie bitte die Abbildungen der Marginalspalten. Konzentrieren Sie sich in einem zweiten Durchgang auf diejenigen Personen, die Sie noch nicht behalten konnten:

Gestalten Sie Ihre Assoziation noch fantasievoller. Konzentrieren Sie sich auf die Gesichter und ihre Details!

Wie viele der Damen und Herren sind Ihnen im Gedächtnis geblieben? Wiederholen Sie die Übung und konzentrieren Sie sich auf die noch fehlenden Personen.

Wenn Sie sich beim ersten Mal schon mehr als fünf Personen merken konnten, ist das bereits ein hervorragendes Ergebnis!

„Ein Sieg wird nicht in Siebenmeilenstiefeln, sondern Zentimeter für Zentimeter errungen. Gewinne jetzt etwas an Boden, halte die Stellung und gewinne dann noch etwas mehr hinzu.“

Louis L'Amour

ERFOLGS-KONTROLLE

WEITERE VERKNÜPFUNGEN

Andere Informationen

Es ist erstrebenswert sich nicht nur den Namen eines Menschen zu merken, sondern auch andere Dinge, die mit ihm zusammenhängen – privat wie beruflich. Es kann nützlich sein zu wissen, welchen Beruf eine bestimmte Person ausübt, welche Waren sie vertreibt, welchen Hobbys sie nachgeht oder wo sie ihren letzten Urlaub verbracht hat.

Diese Informationen bauen wir einfach in das bereits vorhandene Gesichter- und Namensbild mit ein.

Erinnern Sie sich noch an Herrn Windrak? Nehmen wir an, er ist Arzt. Nun verknüpfen wir einfach drei Dinge:

Herr Windrak macht bei **Wind** eine Radtour im **Anorak** und hat sein **Stethoskop** entweder an der Brille baumeln oder kunstvoll um seine Haare gelegt.

Herr Hollberger handelt mit Lederwaren. Er steht also auf dem **Berg** bei Frau **Holle**, hat eine **Ledertasche** in der Hand, die er öffnet und in die er es aus seiner Nase schneien lässt. Lachen Sie nicht! Sie werden sehr schnell merken, dass normale, alltägliche Gedankenverbindungen längst nicht so einprägsam sind.

Im Geschäftsleben kann sich das Bilden von Dreierketten als äußerst nützlich erweisen – auch bei Telefonaten: Koppeln Sie beispielsweise den Namen des zuständigen Sachbearbeiters mit dem Namen der Firma und dem jeweiligen Produkt.

Herr **Schneider** aus der Firma „Akkumulatoren GmbH“ ruft wegen einer Kupferdraht-Bestellung an. Nun, was fällt Ihnen dazu ein?

Als erfahrener Gedächtniskünstler entsteht vor Ihrem inneren Auge sofort das Bild von einem Schneider, der große Akkumulatoren einkleidet und sie mit Kupferdraht verschnürt. Wenn Herr Schneider nach einer Woche wieder bei Ihnen anruft, haben Sie sofort dieses Bild vor Augen und Sie sagen: „Guten Tag, Herr Schneider. Wie viel Kupferdraht darf es denn diesmal sein?“ Sollten mehrere Schneiders zu Ihren Kunden zählen, so können Sie den Herrn Schneider, der die Akkumulatoren einkleidet, mit Hilfe Ihrer Fantasie leicht von dem Schneider unterscheiden, der z. B. Kraftfahrzeuge einkleidet.

HERR SCHABER
ZAHNRADFABRIK
FRIEDRICHSHAFEN

Links sehen Sie Herrn Schaber, wie er mit einem riesengroßen Schaber die Zahnräder im Getriebe reinigt, bis spät in den Abend hinein. Dann geht Herr Schaber friedlich am Hafen in Friedrichshafen spazieren.

So, und jetzt versuchen Sie es einmal ohne unsere Hilfe! In der Marginalspalte auf Seite 49 können Sie sich testen!

FRAU BLAUHORN
OBI
GARTENMÖBEL

FRAU FLACHSMANN
GARDENA
GARTENSCHLÄUCHE

HERR SPRINGER
DORNIER
FLUGZEUGE

HERR FETZER
TONSTUDIO
ENDLOSKASSETTEN

HERR KLEINDIENST
TURBINENBAU
SCHMIERÖLE

FRAU HENKE
VW
KUNDENSERVICE

HERR DREHER
KLIMATECHNIK
HEIZLÜFTER

FRAU BOCK
FIRMA LEOPOLD
BÜCHER

HERR BAUMANN
FIRMA HELLER
DREHMASCHINEN

Das geht ganz einfach, wie Sie sehen:

Haben Sie erst den Einstieg in ein Bild gefunden, fällt Ihnen automatisch die ganze Assoziationskette ein:

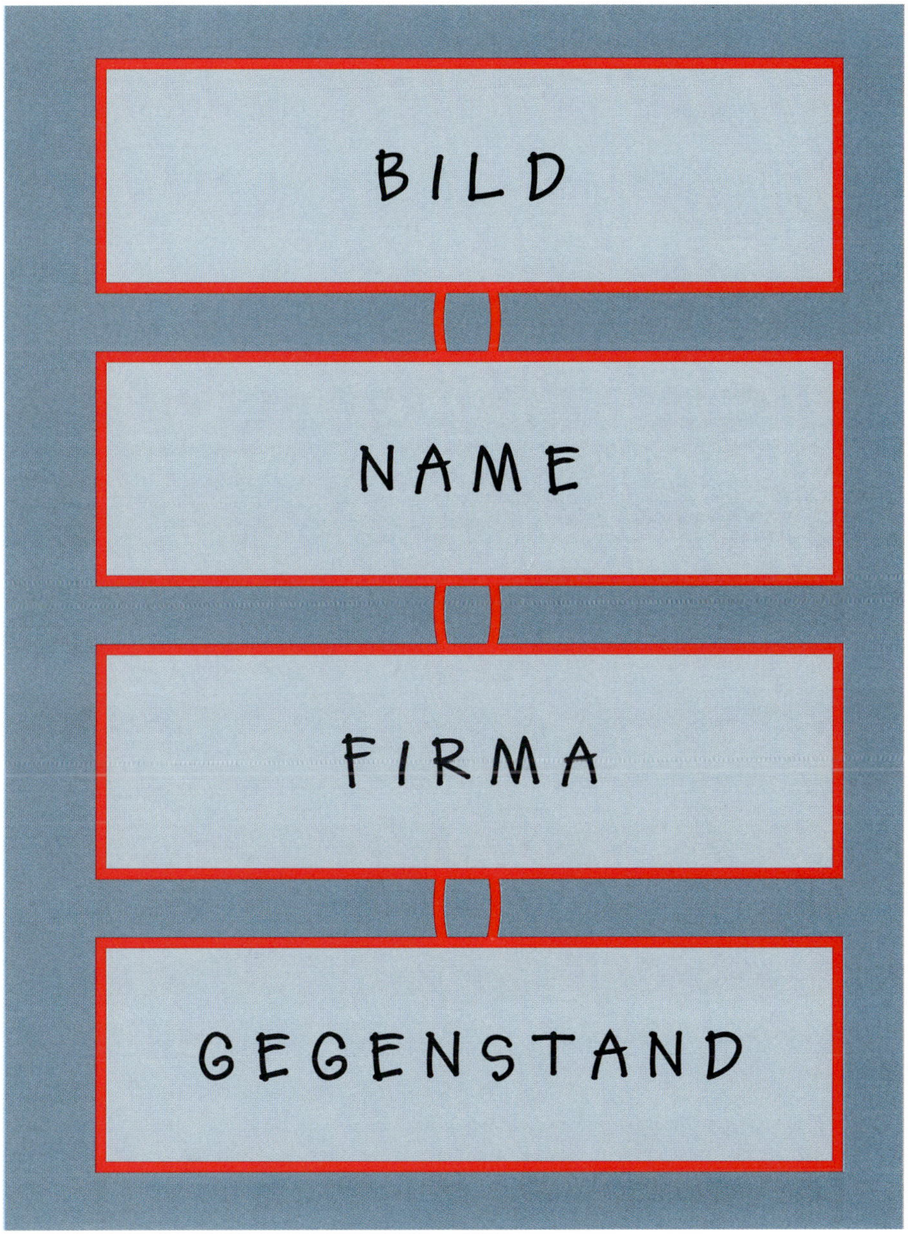

ERFOLGS-KONTROLLE

AUFGEPASST!

1. Überreichen Sie Ihre Visitenkarte in der offenen Hand – Ihr Gegenüber wird die Karte aufmerksamer betrachten, da er sie wie ein Geschenk empfindet.

2. Wenn Sie sich mit Namen vorstellen, sollten Sie das immer mit einigen wenigen Worten einleiten, z. B. „Ich heiße“, „Mein Name ist“, „Darf ich mich vorstellen?“

3. Sprechen Sie Ihren Namen langsam und deutlich aus und erwähnen Sie Besonderheiten bei der Rechtschreibung. Gibt es keine Besonderheiten, können ▸

DAMIT SICH ANDERE MEINEN NAMEN MERKEN

So stelle ich mich selbst vor!

Ja, Sie haben ganz richtig gelesen: Es ist durchaus wichtig sich Gedanken darüber zu machen, wie man sich selbst vorstellt. Bislang haben Sie sich mit der Frage beschäftigt „Wie merke ich mir die Namen und Gesichter anderer?“

Für die persönliche sowie berufliche Weiterentwicklung ist es unter Umständen von noch größerer Bedeutung, dass sich andere meinen Namen und mein Gesicht einprägen!

So mancher von Ihnen hat sich schon daran gewöhnt anderen Eselsbrücken zu bauen, damit sie Ihren Namen verstehen – und zwar besonders dann, wenn dieser Name relativ kompliziert ist.

Aber auch bei einem eher unproblematischen Namen sollten Sie sich bemühen ihn Ihrem Gegenüber begreiflich zu machen.

In unserem westlichen Kulturkreis ist es fast schon Sitte nur noch schnell die Visitenkarten auszutauschen. Dem Namen wird dabei kaum

Aufmerksamkeit geschenkt. Im Gegensatz dazu macht man in Asien eine kleine Zeremonie daraus: Die Visitenkarte wird mit beiden Händen überreicht und von dem Geschäftspartner auch beidhändig angenommen. Anschließend sprechen beide den Namen klar und deutlich aus um sich die korrekte Aussprache zu vergegenwärtigen.

Damit zeigt man nicht nur ein ehrliches Interesse an seinem Gegenüber, sondern lässt ihn gleichzeitig spüren, wie sehr man ihn schätzt.

Das soll keine Aufforderung dazu sein, diese Zeremonie auch bei uns einzuführen. Dennoch:

Es liegt in Ihrem eigenen Interesse sich bei anderen richtig ins Gedächtnis zu rufen.

Nebenstehend finden Sie eine Fülle von Anregungen, wie Sie sich bzw. Ihren Namen besser verkaufen können.

Alles Weitere überlassen wir Ihrer eigenen Kreativität!

Sie trotzdem auf die Schreibweise verweisen, z. B. „Ich heiße Müller mit Doppel-„l“ in der Mitte.“ Ihr Gegenüber denkt nun „Das ist doch klar!“, und schon weiß er „Das ist der Müller, der meint, man könne seinen Namen falsch schreiben!“

---

4. Helfen Sie Ihrem Gegenüber mit einem Bild, z. B. „Ich heiße Haußmann mit scharfem ‘S’ in der Mitte“, oder besser: „Mein Name ist Haußmann, stellen Sie sich vor, ich habe eine Schürze um, wie eine Hausfrau, und es wird Ihnen das nächste Mal automatisch einfallen, dass ich Haußmann heiße.“

So prägen Sie sich Vornamen ein!

WERNER

Werner trägt eine Rakete auf der Schulter wie Wernher von Braun.

Emil läuft mit einem Buch auf dem Kopf und einer Lupe herum wie „Emil und die Detektive“.

EMIL

ANNE SOPHIE

TIMOTHY

OLIVER

HOLGER

Dürfen wir uns vorstellen?

ALEXANDRA

CORNELIA

CHRISTOPHER

MARTINA

TIP

Üben Sie das Visualisieren der Vornamen doch gleich einmal mit den vielen Namenskärtchen aus dem beiliegenden Spiel. Wenn Sie sich bei den Vor- und Nachnamen schon fit fühlen, dann wagen Sie doch eine Spielrunde mit „WHO IS WHO?“. Vielleicht klappt es ja, dass Sie sich auch die Hobbys merken!

„Das größte Vergnügen im Leben besteht darin, das zu tun, von dem die Leute sagen, du könntest es nicht.“

Walter Bagehot

Sich beim Vornamen zu nennen ist speziell in amerikanischen Firmen üblich. Im europäischen Sprachraum benutzt man den Vornamen erst dann, wenn man die Person bereits besser kennt – zu diesem Zeitpunkt ist ein Namen- und Gesichtertraining nicht mehr notwendig.

Das Namen- und Gesichtertraining muss bei der Erstbegegnung erfolgen.

Viele der im deutschsprachigen Raum vorkommenden Vornamen haben eine biblische Herkunft (z. B. Sepp/Joseph, Peter/Petrus, Mary/Maria, Paul/Paulus, Hans/Johannes).

Es gibt eine Fülle von Büchern, die sich mit der Herkunft der einzelnen Vornamen beschäftigen. Eine solche Herkunftsbedeutung liefert meist eine gute Idee für ein passendes Bild.

Sie müssen diese Bedeutung dann nur noch mit dem markantesten Gesichtsmerkmal verknüpfen!

Bernd ist eine Kurzform von Bernhard. In diesem Fall bietet sich der „Harte Bär“ geradezu an: Bernd kämpft mit einem Bären, der einen harten, gelben Bernstein um den Hals trägt.

Birgit: Wenn Sie diesmal nicht im Vornamenlexikon nachschlagen möchten, wählen Sie eine einfache, fantasievolle Verknüpfung: Birgit trinkt ein Bier und das schmeckt ihr nicht. Nach jedem Schluck sagt sie „Gut, dass niemand weiß, dass ich Bier trink – igit igit – und Birgit heiß!“

Lernen Sie jemanden kennen, der Hans, Peter usw. heißt, und Sie kennen bereits andere Personen mit demselben Namen, dann setzen Sie den neuen Hans in Gedanken einfach Ihrem Hans auf die Schultern. Sehen Sie vor Ihrem inneren Auge, wie lustig das Fantasiebild aussieht!

Mit spontanen Bildverknüpfungen, die sich oft auf eigene Erinnerungen beziehen, erzielt man die besten Ergebnisse: Sie sind besonders leicht herzustellen und bleiben einem lange in Erinnerung.

Auf den beiden vorangehenden Seiten haben Sie zehn Personen kennen gelernt. Blättern Sie noch einmal zurück und wenden Sie die soeben gelernte Technik an. Dann können Sie Ihr Gedächtnis in der nebenstehenden Marginalspalte überprüfen. Eines sollten Sie dabei nicht vergessen:

Denken Sie sich Ihre eigenen Merkhilfen und Assoziationen aus!

ERFOLGS-KONTROLLE

TIP

Natürlich müssen Sie sich beim Üben nicht auf diese wenigen Abbildungen beschränken. Blättern Sie in Illustrierten, in einem Katalog oder in Ihrem Fotoalbum - dort finden Sie genügend Material!

RÄUMLICHES DENKEN

Scharf beobachtet!

Dieses Spezialtraining verhilft Ihrem Personengedächtnis zur absoluten Perfektion! Spielerisch lernen Sie Ihre Beobachtungsgabe zu schärfen und vor allem Ihr räumliches Vorstellungsvermögen zu verbessern.

Hier sehen Sie einige Abbildungen von Gegenständen, mit denen Sie sich eine Weile beschäftigen sollten. Ihre Aufgabe ist es nun, sich diese Objekte dreidimensional, also im Raum vorzustellen. Vielleicht gelingt Ihnen das sogar mit geschlossenen Augen!

Sobald Sie das Objekt plastisch vor sich sehen, versuchen Sie es in Bewegung zu versetzen.

Starten Sie das Auto, bewegen Sie es mental so, als würde es von einigen Personen angeschoben. Wenn Sie sich nun von diesem Bild lösen und sich das Auto auf der Autobahn vorstellen, können Sie den Wagen bei 20 km/h, bei 100 km/h sowie bei 150 km/h visualisieren.

Malen Sie sich aus, wie das Segelboot bei Flaute vor sich hin dümpelt. Danach sehen Sie es bei Windstärke sechs über die Wellen zischen.

Stellen Sie sich vor, die Ampel schaltet auf Grün: Der rechte Wagen macht einen Kavalierstart und rast davon, während der linke nur stotternd anfährt.

Lassen Sie die Fläche, auf der die Münzen gestapelt sind, kippen, sodass der Stapel immer mehr ins Wanken gerät. Schließlich kippt er um und die Münzen rutschen die Fläche herunter.

Bringen Sie die Weinfässer, die vor der Kellertreppe lagern, ins Rollen – zunächst ganz langsam und behäbig, dann immer schneller, bis sie schließlich am Ende der Treppe aufschlagen und auseinander brechen – schade um den guten Tropfen! Wenn Sie all das visualisieren können, verfügen Sie mittlerweile über ein beachtliches Ausmaß an Fantasie sowie über ein großartiges bildliches und räumliches Vorstellungsvermögen, denn Sie sind in der Lage Bewegung ins Bild zu bringen.

Abschließend haben wir eine Übung für Sie vorbereitet, die nicht nur Ihr räumliches Vorstellungsvermögen anregt, sondern auch sehr entspannend und beruhigend wirkt:

Betrachten Sie diesen Fesselballon
und atmen Sie langsam ein und aus.
Nun stellen Sie sich vor,
dass der Ballon beim Einatmen
hoch über den Berggipfeln schwebt
und beim Ausatmen
dicht über der Wasseroberfläche
dahingleitet.

GRUPPE A

Charlie Chaplin
Marlene Dietrich
Roger Moore
Romy Schneider
John Lennon
Marilyn Monroe

GRUPPE B

Diskothek
Sauna
Freizeitpark
Kunsteisbahn
Hallenbad

GRUPPE C

Flieder
Heckenrose
Brennnessel
Löwenzahn
Rittersporn
Fingerhut

GRUPPE D

Hundeschlitten
Kutsche
VW-Käfer
Porsche
Inline-Skates
Surfbrett

ÜBUNG MACHT DEN MEISTER

Knack den Gedächtnisring!

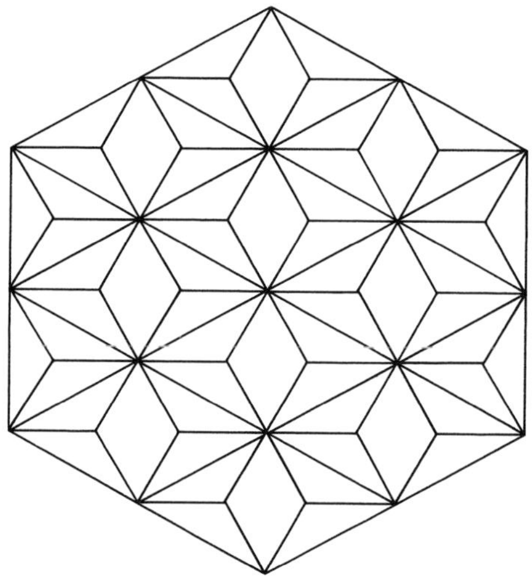

Wie viele verschiedene Grundformen können Sie auf der Abbildung entdecken? Sehen Sie die Pyramiden, Treppen, Rechtecke, Sterne?

Werden Sie zum Querdenker! Denken Sie kreativ!

Das Training mit dem Gedächtnisring fördert das Herstellen von neuen Zusammenhängen. Dieses kreative Querdenken ist die Voraussetzung für jeden Lösungsfindungsprozess.

Nebenstehend finden Sie vier Gruppen, die jeweils verschiedene Begriffe beinhalten.

1. Verbinden Sie die einzelnen Begriffe der Gruppe A mit denen der Gruppe B: Verknüpfen Sie diese paarweise und wenden Sie dabei das Prinzip der Vergrößerung an. Eine der beiden Komponenten sollte überdimensional groß ausfallen: ein überlebensgroßes Chaplin-Poster in der Sauna oder Marlene Dietrich in einer riesigen Diskothek.

2. Koppeln Sie nun die Begriffe der Gruppe C mit denen der Gruppe D, und zwar mit Hilfe des Vervielfältigungs-Prinzips. Übertreiben Sie, fahren Sie beispielsweise mit einer Kutsche durch einen sich endlos fortsetzenden Heckenrosenwald oder lassen Sie die Kutsche vor lauter Rosen überquellen.

3. Verknüpfen Sie nun die Begriffe der Gruppe A mit denen der Gruppe C – und zwar mit viel Witz und Humor! Das fällt Ihnen bei Charlie Chaplin sicher leicht, aber Sie könnten sich auch vorstellen, wie Marlene Dietrich von einer Heckenrose in den Po gestochen wird.

4. Zum Schluss koppeln Sie die Elemente aus Gruppe B mit denen der Gruppe D, indem Sie Bewegung und Geschwindigkeit ins Spiel bringen. Übertreiben Sie! Rasen Sie mit dem Hundeschlitten durch die Sauna oder eröffnen Sie in der fahrenden Kutsche eine Diskothek.

TIP

Echte Profis können jetzt auch noch Verknüpfungen zwischen den Begriffen aller vier Gruppen herstellen. Hier nur einige Beispiele: Charlie Chaplin flitzt auf dem Hundeschlitten in der Sauna hin und her und schwitzt Flieder.

Roger Moore schwingt sich mit seinem VW im Freizeitpark von Baum zu Baum und fällt hinunter in die Brennnesseln.

John Lennon befindet sich in einem Hallenbad mit riesigen Lautsprechern, aus denen massenhaft Porsche und Löwenzahn herausquellen.

TRAINIEREN SIE SPIELERISCH

Mit Memo-spielen zum Erfolg!

Alles, was Sie für den Aufbruch zum Erfolg brauchen, ist mindestens ein Mitspieler! Versetzen Sie sich jetzt bitte in folgende Situation:

Sie sind auf einer Party. Sie selbst haben noch einige Gäste mitgebracht, doch natürlich lernen Sie dort jede Menge neue Leute kennen. Verschiedene Personen werden Ihnen vorgestellt. Nun würden Sie ja gern die nette Blondine oder den smarten Typ mit der witzigen Brille zum Tanz auffordern – aber wie war noch einmal der Name?!

Jetzt müssen Sie nur noch das Partyspiel „WHO IS WHO?“ zur Hand nehmen und kurz die Spielanleitung durchlesen. Und schon kann es losgehen mit dem spielerischen Gedächtnistraining!

Nach ein paar Runden mit „WHO IS WHO?“ werden Sie sich künftig alle Partygäste merken!

Schritt für Schritt lernen Sie zunächst sich die Namen und Gesichter einzuprägen. Später werden Sie auch andere Merkmale und Attribute – z. B. Hobbys – problemlos behalten können. Viel Spaß dabei!

AUSBLICK

Gute Gedächtnisstützen

Am Ende einer Lektion entscheidet nicht das Wissen, das man sich erworben hat, sondern das, was man daraus ableitet und tagtäglich selbst in die Praxis umsetzt.

Erst wenn es Ihnen gelingt aus statischen Bilder bewegte zu machen, haben Sie Ihr Vorstellungsvermögen optimal trainiert. Das rationale Weltbild wird dabei völlig außer Kraft gesetzt.

Fantasie kennt keine Grenzen.

Die Bilder, die Sie visualisieren, hängen stark von Ihrer momentanen Stimmung, von Ihrem Kenntnisstand und von Ihrer Motivation ab.

Wenn Sie so weit sind, dass Sie spontan eine eigene Fantasiewelt erschaffen können, ganz wie im Märchen, dann haben Sie die höchste Stufe der kreativen Visualisierung erreicht. Erst dann können die mentalen Bilder praxisbezogen im Alltag umgesetzt werden.

Abschließend finden Sie in der Marginalspalte noch einige Tips, mit denen Sie Ihr Visualisierungsvermögen weiter optimieren können!

TIPS

1. Je unrealistischer das von Ihnen erschaffene Bild ist, desto besser bleibt es Ihnen im Gedächtnis.

2. Schaffen Sie Querverbindungen zwischen Fantasie und Realität – das setzt jede Menge Kreativität frei!

3. Wählen Sie für Ihre Übungen Begriffe und Bilder, die Ihnen besonders gut gefallen, denn das motiviert.

4. Machen Sie aus Ihrem Bild ein sinnliches Erlebnis.

5. Geben Sie sich nicht mit der erstbesten Verknüpfung zufrieden!

VORHER – NACHHER

Ihr Namensgedächtnis im Test

In diesem Buch sind Sie vielen Namen und Gesichtern begegnet. Auf dem beiliegenden Poster ist jede dieser Personen noch einmal abgebildet. Wenn Sie alle Mnemotechniken trainiert und alle Übungen mitgemacht haben, dann werden Sie sich ohne weiteres an all diese Personen, ihre Namen und Gesichter erinnern. Stellen Sie sich unserem Abschlusstest! Jedes der Bilder ist nummeriert. Nehmen Sie ein Blatt Papier und ordnen Sie den Bildern in der entsprechenden Reihenfolge die richtigen Namen zu. Gehen Sie die Abbildungen ruhig zweimal durch – so lange bis Sie sich bei allen Gesichtern und Namen sicher sind. Anschließend vergleichen Sie Ihr Ergebnis mit der Seite 63.

**Je besser Sie abgeschnitten haben,
desto fleißiger haben Sie mitgearbeitet –
dazu unseren herzlichen Glückwunsch!**

Unabhängig von Ihrem Ergebnis sollten Sie eines weiterhin beherzigen – damit Sie Ihr Personengedächtnis auch in Zukunft nie im Stich lässt:

ÜBEN, ÜBEN, ÜBEN!

1. TANJA KUNDERMANN	2. FRAU GREIL	3. ANITA KRUDEWICH	4. HERR HAMBURGER	5. CHRISTINE ZIEGLER
6. HERR ANGER	7. HERR ROSENPLICKER	8. MARIA BAUER	9. FRAU ASAUETA MEXIKO	10. ALEXANDRA
11. FRAU ANDRIOLLO	12. HERR HANIMELI TÜRKEI	13. OLIVER	14. FRAU GALLIMARD FRANKREICH	15. HERR INDRANATH AUSTRALIEN
16. MARTINA	17. HERR KIM WONG KOREA	18. FRAU BLACKWATER ENGLAND	19. ALEXANDER JUNG	20. HERR SCHULZE
21. HERR SCHABER ZAHNRADFABRIK FRIEDRICHSHAFEN	22. LI HXU HAIXIN	23. HERR CHANG MONGOLEI	24. FRAU EICHER	25. MICHAEL RUNDE
26. HERR BAUMANN FIRMA HELLER DREHMASCHINEN	27. CHRISTOPHER	28. HERR PLENK	29. HERR KAUFELS	30. HERR SINGH INDIEN
31. HERR KLEINDIENST TURBINENBAU SCHMIERÖLE	32. BORIS NAGEL	33. FRAU KALANTIDIS GRIECHENLAND	34. FRAU BLAUHORN OBI GARTENMÖBEL	35. MARLENE ROHRER
36. FRAU FRATELLI ITALIEN	37. HERR KAISER	38. VLADIMIR ZIRINSKI	39. FRAU TULPENAUER	40. ANNE SOPHIE
41. HERR SPIELVOGEL	42. CORNELIA	43. HERR SPRINGER DORNIER FLUGZEUGE	44. MARTINA GRENZ	45. FRAU BOCK FIRMA LEOPOLD BÜCHER
46. HERR SCHATORJE	47. YUSHI SEO	48. FRAU ALMQUIST SCHWEDEN	49. SANDRA BERGER	50. HERR TUCKERBY KANADA
51. FRAU PRIKWITZ	52. HERR SHUTOMO JAPAN	53. HERR HILDEBRAND	54. HERR FETZER TONSTUDIO ENDLOSKASSETTEN	55. HERR NIKOL
56. KLAUS TRETTIN	57. HERR WEBER	58. EMIL	59. TIMOTHY	60. ANKE ZIRKOWSKI
61. FRAU FLACHSMANN GARDENA GARTENSCHLÄUCHE	62. HERR HUTTENLOCHER	63. HERR ABDUL TUNESIEN	64. FRAU ONDORISHA JAPAN	65. FRAU RAGADEVI INDIEN
66. VIKTORIA BELLING	67. FRAU VAN REEMST NIEDERLANDE	68. HOLGER	69. MANUELA DILLMANN	70. HERR RABBIN ISRAEL
71. FRAU KAMINSKY POLEN	72. BEATE KINDLER	73. MANFRED LEITNER	74. FRAU HENKE VW KUNDENSERVICE	75. HERR ROSILOWSKY
76. WERNER	77. HERR DREHER KLIMATECHNIK HEIZLÜFTER	78. BRITTA SCHATZ	79. HERR DE LA CRUZ GUATEMALA	80. HERR FREITAG

Literatur-Empfehlungen

Elisabeth Blay (Hrsg.)

Positiv den Tag beginnen – Meditationen,

Heyne Verlag, München 1996

Roland Geisselhart/Christiane Burkart

Werden Sie ein Genie, Humboldt Verlag, München 1997

Roland Geisselhart/Christiane Burkart

Gedächtnispower, GABAL Verlag GmbH, Offenbach 1997

Bernd Haußmann/Roland Geisselhart

Mega Memo. Spielend einfach zum perfekten Gedächtnis,

Ravensburger Buchverlag (THINK – Mit Gedanken spielen) 1997

Kasimir M. Magyar

Managerweisheiten und Managerbosheiten,

Verlag moderne industrie, Landsberg 3. Aufl. 1991

Peter Russell

Der menschliche Computer, Heyne Verlag, München 1982